女性限定！

気持ちよく打てる

はじめてのゴルフ

著者　新井真一

高橋書店

STEP 1

緊急相談!!

ねぇ、なかなか気持ちよく打てないの！どうしたらいい？

原因はコレかも！

1 「もっとひじを伸ばして」など、型を気にしていた

2 とにかく力いっぱいクラブを振っていた

3 人のアドバイスをそのまま素直に実行していた

あれ〜!?
ボールが上がらない
疲れる
空振りする
まっすぐ飛ばない
フォームがキレイじゃない

STEP 2

それならコレ!!「ぶら～んスイング」でラクラク解決しちゃおう

ぶら～んスイングって？

1 力の弱い女性にもやさしい！

2 なめらかなフォームになる！

3 芯に当たって気持ちいい！

ボールがクラブの芯に当たる
ボールが上がる
飛距離アップ
やった〜!
キレイでなめらかなフォームに
まっすぐ飛ぶ
158
159
160
161

STEP 3

わくわくレッスンで気持ちよく打つコツがつかめる！

ヘッドの重みや揺れる動きに体がなじんでくる

意識がかわる

握り方や立ち方のコツをつかむ

頭と体をリンクさせて敏感な体をつくる

5
気持ちいいスイングで
思いどおり打てる！

Lesson: 4

contents

女性限定！
はじめてのゴルフ

Lesson: 5

ゴルフ場の華になる！ 憧《あこが》れのコースデビュー

Lesson: 6

いざというときに役立つ！ ゴルフ基礎知識

ウエア、アイテムのクレジットはP.159

Lesson：1

知っておきたい！ゴルフの基本

ゴルフを楽しむ女性たちが増えています。それは楽しくて、気分爽快で、おしゃれも楽しめるステキなスポーツだから。体力がなくても大丈夫。まずはゴルフの基本を知って、いつか来るコースデビューの日に備えましょう。

ゴルフって何!? ねぇ教えて～!

取引先の人にゴルフ誘われちゃったの…でも何から始めたらいいのか…
ドョ～ン
なーんだゴルフか!
じゃあ日曜さっそく練習行こう?
ええ!? そんないきなり!?
大丈夫!
そんなの簡単よ 最初に打ってからカップにボールが入るまで何回打ったかでスコアが決まるの
よく聞く『ホールインワン』とは1回で入った!ってコト
そっか…じゃあ少なければ少ないほどいいのね!
そう!だけどゴルフってスコアだけじゃないの 気持ちよく打ててるとかなり爽快よ
自分のペースで進めていきましょ!
思ってたよりも楽しそうかも!よ～し頑張るぞ!!

このレッスンでは…

**ゴルフの基礎知識を
ざっくり身につけて
楽しくゴルフを
始めるための準備をします**

コースデビュー目指して気軽に始めてみよう！

step 1 練習場 → step 2 グッズ → step 3 コース

step 1 練習場で「振る動き」に慣れる

まずは練習場でクラブを振るスイングの練習からスタート。道具はレンタルできるので、グローブさえあれば大丈夫です。ゴルフがどんなものなのか試してみるくらいの気軽さでOK。まわりにバンバン打っている人がいても、あせったり緊張したりせず、スイングの感覚を身につけることから始めましょう。

memo

レッスンを受けてみる

多くの練習場では初心者向けのゴルフレッスンを行っています。未経験者にはグリップの握り方や立ち方などの基礎から教えてくれるので、最初に受けてみるのもオススメ

step 2
クラブやグッズを準備する

「道具をそろえるのが大変そう」と思っていませんか？　確かにゴルフはさまざまな道具を使いますが、すべてを一気に買わなくてもOK。ゴルフ専門店などで店員さんに相談して、徐々にそろえましょう。

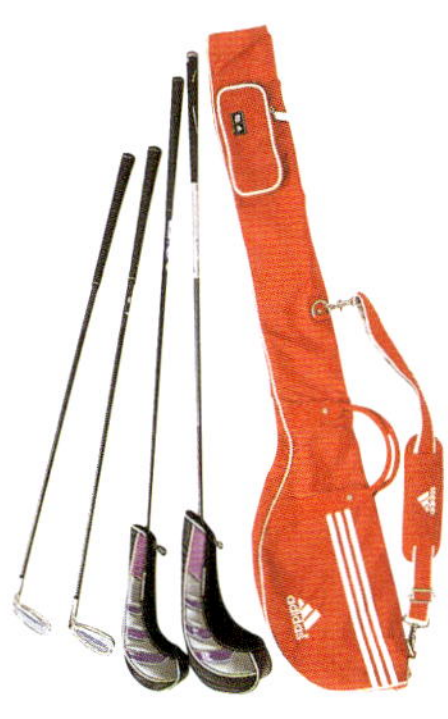

クラブケースのクレジットはP.159

step 3
コースにデビューする

いよいよコースデビュー。練習場と違ってコースにはいろいろな障害物があるので、思いのほかスコアは伸びないかもしれません。それでも、自然の中を歩きながら打つ爽快感は格別。まずはコースでのプレーを楽しんで！　いきなり18ホール回る自信がないなら、ショートコースでコースの雰囲気や流れを体験しておくのもいいでしょう。

memo

ショートコースで慣れておく

通常のゴルフコースは18ホールですが、ショートコースはその半分の9ホール。それぞれのホールも短いので、初心者の実践練習には最適です

1分でわかる、ゴルフの世界

ルーツは羊飼いたちの遊び

What's golf?

ゴルフの起源については諸説がありますが、もっとも有力なのは、スコットランドで羊飼いの少年が木の棒で小石を打って、穴に入れて遊んでいたのがルーツという説。その歴史は長く、1400年代半ばにスコットランド政府が、国民にゴルフ禁止令を出したという記録があるほどです

少ない打数でボールをホールに入れるゲーム

What's golf?

ゴルフは、クラブでボールを打って穴に何回で入れるかを競うシンプルなゲーム。1コースには18個の穴（ホール）があり、それぞれのホールにボールを入れるまでの打数の合計で勝敗が決まります。スコア100はすべてのホールにボールを入れるのに100回打った、ということ

エチケット・マナーを大切にするスポーツ

What's golf?

ゴルフは紳士淑女のスポーツと呼ばれ、エチケットやマナーを守ることが重要視されます。だらしない服装はNG。またほかのプレーヤーのプレーを妨げたりコースをいためたりといった行為はしないなど、皆が気持ちよく楽しめるよう各自が心がけることが大切。審判はいないので、ルールもスコアも自己管理する大人のスポーツといえるでしょう

教えて！お悩み解決インデックス

Question 1

ゴルフって クラブとかウエアとか 必要なモノがいろいろあって 大変そう

A

そんなことはありません！　基本的に練習場ではクラブがレンタルでき、シューズもスニーカーでOK。まずはグローブだけで始められます。ウエアも清潔感があって動きやすい服装なら、専用のものじゃなくても大丈夫。コースへ出てみて続けたいなと思ったら、初心者用のクラブセットなどからそろえ始めればいいんです

Lesson:2 では
道具やウエアの選び方を
紹介しているので
参考にしてみて！
→ P.021

Question 2

運動能力に 自信がないし フォームを身につけるまでに 時間がかかりそう

A

そんなことはありません！　特にこの本で紹介している「ぶら〜んスイング」は、運動経験がなくても大丈夫。決まった型どおりに振るのではない、自分に合った自然なスイングです。クラブの重さを活かすだけでも結構飛ぶので、腕力がない女性にも向いているんです

Lesson:3 では
「ぶら〜んスイング」の
しくみについて紹介して
いるので参考に
してみて！
→ P.037

Question 3

気持ちよく打ちたいのに ボールがなかなか 飛んでくれない。 私、向いてない？

A そんなことはありません！　誰《だれ》でもレッスンを続けていくうちに、ボールが飛ばないとか空振りしちゃうとか、いろんな悩みが出てくるもの。原因は、上手に当てようとか遠くへ飛ばそうといった欲が出てきて、頭でそれを意識してしまうから。向き不向きじゃなく、意識のもち方で改善できることって多いんです

Lesson:4 では
女性ならではの
お悩み解決法を
紹介しているので
参考にしてみて！
→ P.065

Question 4

コースのルールって めんどくさそう。 うまく打てなかったら 恥ずかしいし

A そんなことはありません！　ゴルフというのは、いかに少ない打数でボールを穴に入れるかを競う、基本的にシンプルなスポーツ。むしろ大切なのは、人の迷惑にならない、コースを大切に使う、など基本的なマナー意識を身につけておくこと。みんなが気持ちよくプレーできる心配りが必要です。あとは難しく考えず、楽しめばいいんです

Lesson:5 では
コースを楽しく
回るためのポイントを
紹介しているので
参考にしてみて！
→ P.115

ゴルフ用語レッスン No.1

今すぐ会話に使えちゃう！

すぐに①スライスしちゃうのよね～

私は②ひっかけちゃうのひどいと③チーピンよ～

①スライスっていうのは**右方向にボールが曲がる**こと。
ボールに右回転がかかってしまって、右に曲がることよ。初心者には結構多いミスショットなの

へぇ～

②ひっかけるっていうのは**ボールが左に飛んじゃう**ってこと。
「スライス」の逆で、ボールを打った面が左を向いて、すぐ左に飛んで行っちゃうことを「ひっかける」っていうの

ほぅ

③チーピンっていうのは**大きく左に曲がったショット**のこと。
左にグーンと曲がってしまう打球のこと。弾道が麻雀パイの七筒（チーピン）に似てることからきていて、「ダックフック」ともいうの

そっか！

※この場合の「右」「左」は、右利きの人が打ったときを表します

女性限定！
はじめてのゴルフ

Lesson：2

見た目も大切！
道具を準備しましょう

はじめはグローブがあればOK。マイ・クラブはゴルフに慣れてから自分に合ったものを。ウエアやグッズは、お気に入りのブランドに凝るのも◎！

道具がたくさん！ 何を買えばいい？

心配しないで
最初はこのグローブさえあれば大丈夫！
え？、それだけでいいの!?
フロント
料金表
クラブ
シューズ
クラブは練習場でレンタルできるところもあるの
そうなんだすごい便利〜〜！
シューズも本来ならゴルフ専用のがいいけどスニーカーでもOK！
あとは自分に合ったアイテムを徐々にそろえていけばいいのよ
一気に買わなくていいんだね！早く練習場に行きたくなっちゃった！

このレッスンでは…

ゴルフ道具やウエアの選び方をアドバイスします

はじめはグローブ1枚でOK!

クラブ

ドライバー、アイアンなど、自分が練習したいクラブを数本、練習場用のクラブケースに入れて持って行きましょう。でも、ほとんどの練習場ではクラブをレンタルできるので、手ぶらでも大丈夫

グローブはあったほうがクラブを持つ部分であるグリップを握りやすく打ちやすいのでオススメ

ウエア

服装については特にルールはないので、体を動かしやすいカジュアルなウエアで行きましょう。基本的に動きやすい服装なら、Tシャツ＋パンツ＋スニーカーでもOK

コースに出るまでに慣れておくため、シューズは持参するのがオススメ

これだけはそろえよう!

グローブ

直接身につけるものなので、グローブだけは持って行きましょう。素手だと手にマメができたり痛くなったりすることも

はじめてのゴルフグッズ慣れてからでも大丈夫

ゴルフを始めるとき、まず必要なのがグローブ。なぜかというとクラブを握る手にマメができるのを防ぐため。練習のときでもきちんとはめる習慣をつけましょう。またグローブをするとグリップを握るときの安定感も得られます。ともあれ手にフィットするものを選びましょう。

ほかのゴルフグッズはゴルフ専門店やデパートのスポーツ用品売場などで購入できます。最初のクラブは専門店で店員さんに相談しながら自分に合ったものを選ぶのがオススメ。続けているうちに具体的に欲しいクラブが出てきたら、ネット通販や中古品などで探してみても。本格的に続けるかどうか迷っているなら、知り合いからお古を譲ってもらう、という手もあります。

ウエア、アイテムのクレジットはP.159

グローブ

基本はグリップを握る片手にだけはめますが、日焼けが気になるときは両手用を使います。女性用にはネイルをしたままでも着用できる、指先がカットされたタイプもあります

ぴったりサイズの選び方

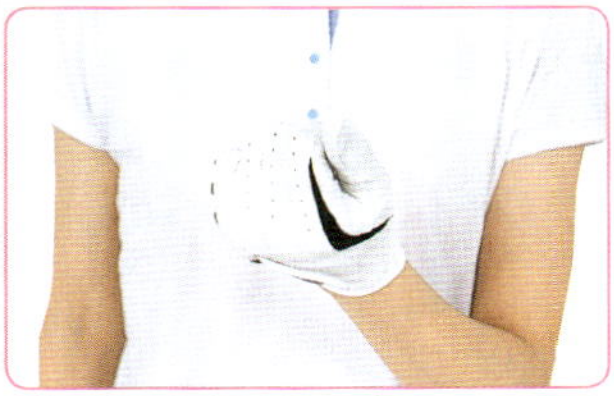

①手を握ったとき、痛くないか

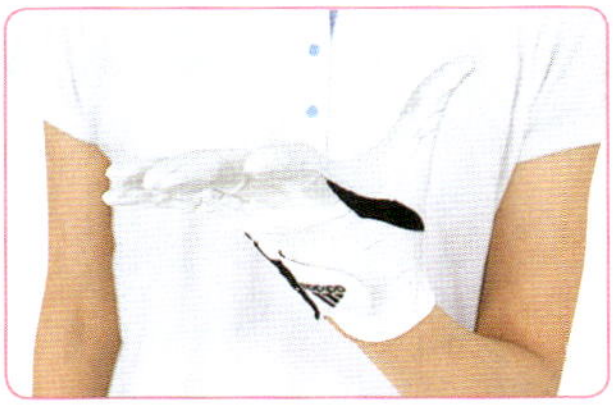

②手を開いたとき、きつい、またはゆるくないか

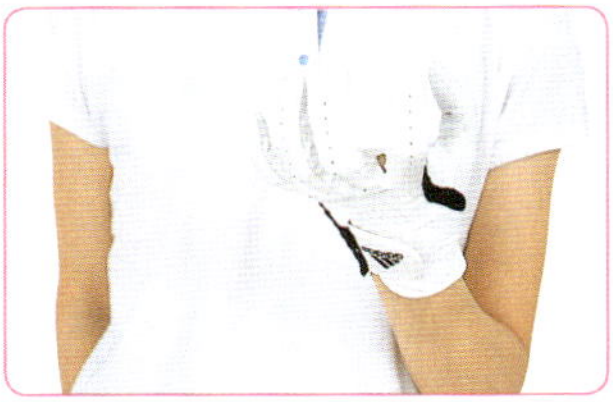

③指を曲げてみて、動かしにくくないか

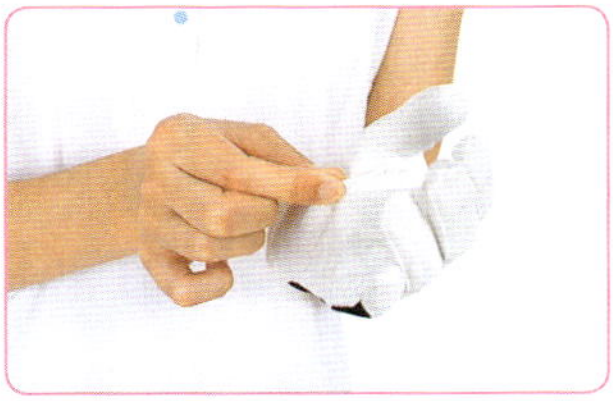

④手のひらの部分の革がつまめないかどうか

memo

はめ方

利き手と逆の手を指先までしっかり入れマジックテープをとめます

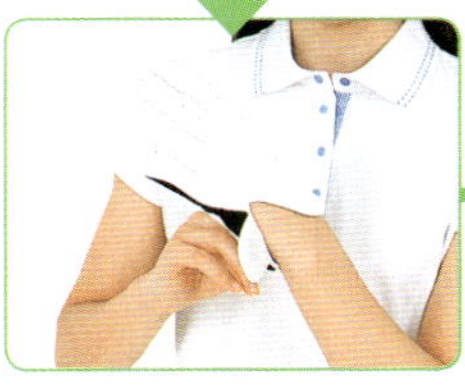

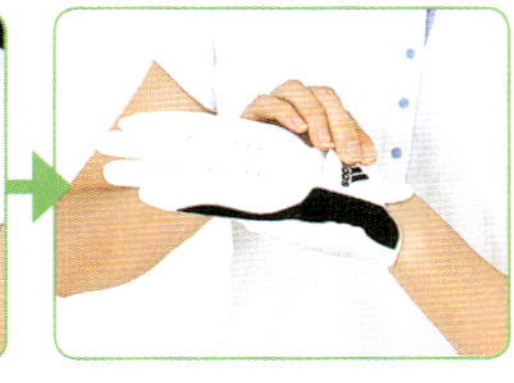

コースに出るなら、いろいろ必要

ちょっと重めのシューズで安定感を味方に！

練習場ではスニーカーでも構いませんが、コースは芝で、さらに傾斜がある場所も多いため、普通の運動靴では滑ってしまうことも。コースに出る前には専用のシューズを用意しましょう。女性の場合、重めのシューズのほうが足元が安定してスイングがブレにくく、斜面などでも打ちやすくなります。靴ズレができるとプレーに集中できないので、事前に履き慣らしておくのもポイント！

クラブ

コースに持って行けるクラブは14本まで。その全部を使うことはまずないので、ドライバーとアイアン、パター、プラス女性の場合はユーティリティなど、使い慣れたクラブが合わせて5～6本あれば十分です

これだけはそろえよう！

①グローブ
②シューズ
③ウエア
④ボール
⑤ティ

クラブは場所によって借りられるところも。ほかにも、ゴルフ場で売っているものもあるので、事前に確認を

詳しくはP.124へ！

スキンケア用品

ほぼ一日中、屋外で過ごすため、コースに出るときにはスキンケアが必須。UV対策はもちろん、夏場は虫対策も忘れずに

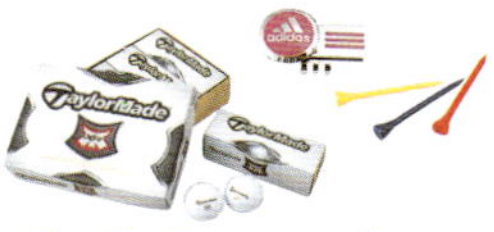

ボール・ティ・マーカー

着替えやボール、ティなどは大きめのボストンバッグなどに入れて持って行きます。バッグそのものに軽めのものがいいでしょう

ウエア、アイテムのクレジットはP.159

シューズ

最近は、靴底にプラスチック製のビョウのついた「ソフトスパイク」と、ゴム製の突起のついた「スパイクレス」の２種類が主流。スパイクがあるほうが、傾斜地や雨が降ったあとなど滑らないのでオススメ

ぴったりシューズの選び方

1. 試し履きはゴルフ専用の厚めの靴下をはいて
2. 店内を歩いてみて履き心地をチェック
3. ほかにも何足か履き比べてみる
4. 少し重く感じるくらいのものが○

ソックス

色や長さなどいろいろな種類がありますが、コースによってはハイソックスが条件のところもあります。また足指を動かしやすく姿勢が安定するので、五本指ソックスをはく女性も増加中

バッグはウエア一式が入る大きさのものを

バッグ

荷物を入れる大きいバッグとシューズバッグをおそろいにするとおしゃれ。最近は、日常使うのにも違和感のないシンプルなものも増えているので、いろいろと比較してみましょう

私の格好、大丈夫？コースに出るときの服装マナー

最低限のエチケットさえ守れば服装は自由に

ゴルフ場ではＴシャツにジーンズ、ジャージといったカジュアルすぎる格好はＮＧ。襟つきのトップスにパンツかスカートというのが定番ですが、最低限のエチケットとして「清潔感があり、だらしなくないもの」であればＯＫ。

メンタル面にも大きく影響されるゴルフ。お気に入りのウエアを身につけていたら、スコアも伸びるかもしれません。

ただし気をつけたいのは、おしゃれとマナーの兼ね合い。会員制で少しランクの高いゴルフ場へ行くときは、ウエアも少しおとなしめにする。対して一般のコースでは、ビビッドな色合いで遊んでみるなど、ドレスコードを守りながら、コースにふさわしいウエアを着こなしましょう！

NG
大きなアクセサリー！
大ぶりのネックレスや指輪など、プレーの邪魔になるものは外しましょう
襟がない！
ゴルフ場では襟つきのトップスが基本。Tシャツは NG です
ジーンズ！
体を動かしにくく、カジュアルすぎる印象。コースはもちろん練習場にもあまりオススメできません
ヒールの高い靴！
ハイヒールやサンダルは、ヒールが芝をいためるのでどんなゴルフ場でもコースへの入場は禁止されています

GOOD

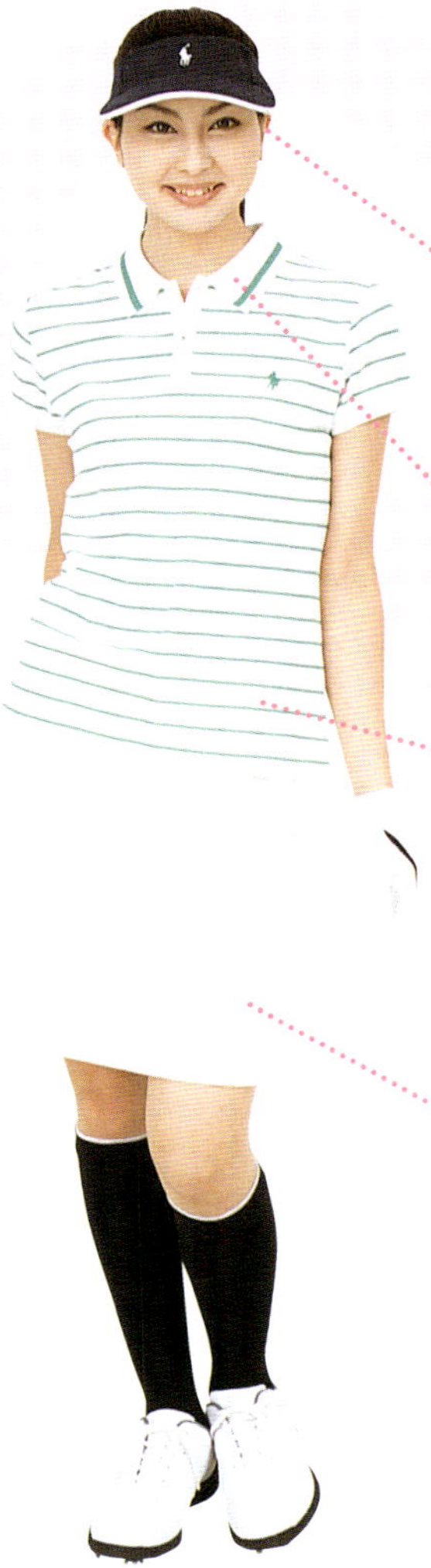

日射しをカット

直射日光の下でプレーするので、帽子やサンバイザーなどの日よけグッズは必須

襟つきが基本

襟のついたウエアを着るのがマナーです

パステルカラーもオススメ

ウエアの色は特に決まりはないので、女性らしく明るい色を選んでみては

パンツでもスカートでも

ボトムはパンツでもスカートでも。女性ならではのミニスカートにもぜひチャレンジ!

ウエア、アイテムのクレジットは P.159

Q&A

Q1 地味な色やデザインじゃないとダメ?

A 基本的にゴルフウエアとして売られているものなら問題ナシ。最近は女性向けのゴルフウエアにも、かなりおしゃれなラインが増えています。色にも特に決まりはありません。むしろシンプルなデザインでもカラフルなウエアを選ぶと、グリーンに映えてステキですよ。帽子やシューズなどとのコーディネートも楽しんで

Q2 クラブハウスでは必ずジャケット着用?

A 服装規定はゴルフ場によってさまざま。基本的にプレーするときの服装と同じで構わないので、ウエアを選ぶ基準で考えましょう。女性の場合、キレイめのニットのカーディガンなどでもOKです。ただし、会員制のゴルフ場などで服装規定の厳しい、ジャケット着用を義務づけているところもあるので、事前に確認が必要です

暑い！寒い！雨！
それでもゴルフは楽しめる

暑い日

工夫して
元気いっぱいの
ラウンドを
しよう！

汗、体温を逃がす

夏のウエアは通気性と吸湿性の高いドライ素材のものがオススメ。コットン100%は乾きにくいので体温調節に不向きです

PEARLYGATES

サンバイザー

ウエアとのコーディネートを考えて。日焼け防止には、つばが大きめのものを選びましょう

サングラス

強い日射しによるまぶしさを防ぎ、芝目がキレイに見える効果も。UVカットのものを

夏用ウエアセット

サンバイザー、シャツ、パンツがそろった夏用のウエアセットは手軽でオススメ

四季を通じて楽しめるゴルフ
天候に合わせてウエアをセレクト

四季や天気を問わず、一年中楽しめるのがゴルフ。ウエアも天候に合わせて選びましょう。

夏場は通気性、吸湿性の高い素材で、薄いブルーや白など涼しげな色を選ぶのもポイント。暑くてもノースリーブは、正式にはNGです。リゾートゴルフ場などではノースリーブのトップスやワンピースを着る人もいますが、上にカーディガンなどをはおるのが基本。日焼けのおそれがあるので、夏こそ長袖という人も多いようです。

冬はとにかく防寒第一。ラウンドでは、マフラーやネックウォーマーをつけたり、ミトンをはめたりして、完全防備で挑む人もいます。ただし動きにくくない程度に。レインウエアは多小高値でも、撥《はっ》水性の高いものを購入しましょう。

ウエア、アイテムのクレジットは P.159

寒い日

ポケットにカイロを入れて手を温めよう！

「薄い＆温かい」が最適

軽くて保温性のいい素材のものを選びましょう。何枚も重ね着をすると体が動かしにくいので、薄手で保温性の高いインナーで防寒を

耳当て

ファーの耳当てで防寒＆キュートさを強調

毛糸帽

ボンボンがポイントのニットキャップ。頭から耳まですっぽり覆ってくれます

カイロ

冷えた指先を温めたり、背中に貼ったり。寒い日のコースには不可欠です

防寒ウエア

風を防いでくれるダウンジャケット。できるだけ薄手で軽いものをセレクト

雨の日

撥水性のよいもの

雨の日のラウンドも、レインウエアがあればOK。撥水性、通気性のよいものを選びましょう。ゴルフ用の傘は大きめなので軽いものを。UV対策に晴雨兼用の傘もあります。コースに常備されている場合も

クラブ用雨ガッパ

キャディバッグに取りつけてクラブを雨から守ります

帽子＆グローブ

① 雨の日は防水性の帽子が必須

② グローブは雨でも滑らない全天候型のものがあれば安心

ゴルフの要は「道具」です！

「飛ばす」ウッド

ドライバーなどのように、ヘッドの大きなクラブを「ウッド」といいます。もともとヘッドが木製だったことからこう呼ばれます。基本的に飛距離が出るため、ホールで打つ最初のショットであるティショットや「ボールを飛ばす」目的で使われます

「転がす」パター

グリーン上で「ボールを転がす」ためのクラブを「パター」といいます。クラブの柄の部分であるシャフトの長さもヘッドの形もさまざま。自分の好きな形や色、打ったときの感触など、合ったものを選んで使いましょう

ウッド7
ウッド3
ドライバー
UTL《ユーティリティ》
パター
アイアン8
PW
アイアン7
アイアン9
SW

「運ぶ」アイアン

飛距離を調整して、狙った地点に「ボールを運ぶ」ためのクラブを「アイアン」といいます。ヘッドは金属製で形状が平たいのが特徴。ボールをグリーンに近づけるアプローチや砂地であるバンカーのときによく使うピッチングウエッジ(PW)、サンドウエッジ(SW)などもあります

「クラブと仲良し」になることが思いどおりに打つ第一歩！

バスケットボールやサッカーなどは「体が道具」のスポーツ。しかしゴルフは、クラブという道具の力を最大限に活用して上達するスポーツなのです。道具の重要性を理解したうえで、それぞれの特性を把握しましょう。

ゴルフクラブは基本的に「ウッド」「アイアン」「パター」の3種類にわけられます。ウッドはボールを遠くへ飛ばす、アイアンは距離を刻んでボールを目標に近づける、パターはグリーンの上でボールを転がす、というようにそれぞれ特性が違います。ゴルフの基本は、コンスタントに気持ちいいスイングができること。性能の違うクラブを使いわけることで、同じスイングでも飛ばしたり寄せたりのボールコントロールができるのです。

クラブの名称

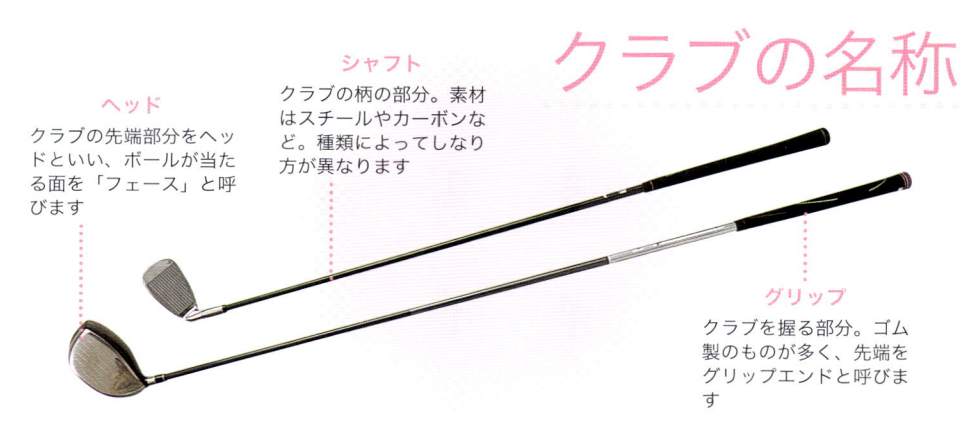

ヘッド
クラブの先端部分をヘッドといい、ボールが当たる面を「フェース」と呼びます

シャフト
クラブの柄の部分。素材はスチールやカーボンなど。種類によってしなり方が異なります

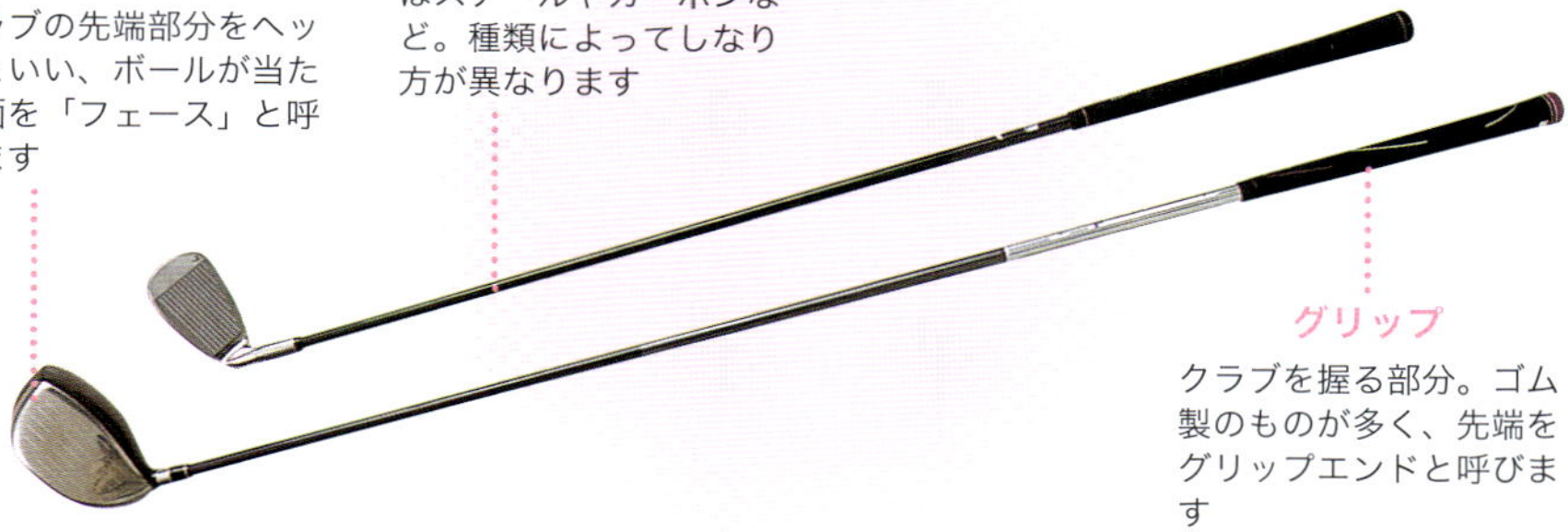

グリップ
クラブを握る部分。ゴム製のものが多く、先端をグリップエンドと呼びます

パター　5番　9番　(サンドウエッジ) SW　(ドライバー) 1番　7番

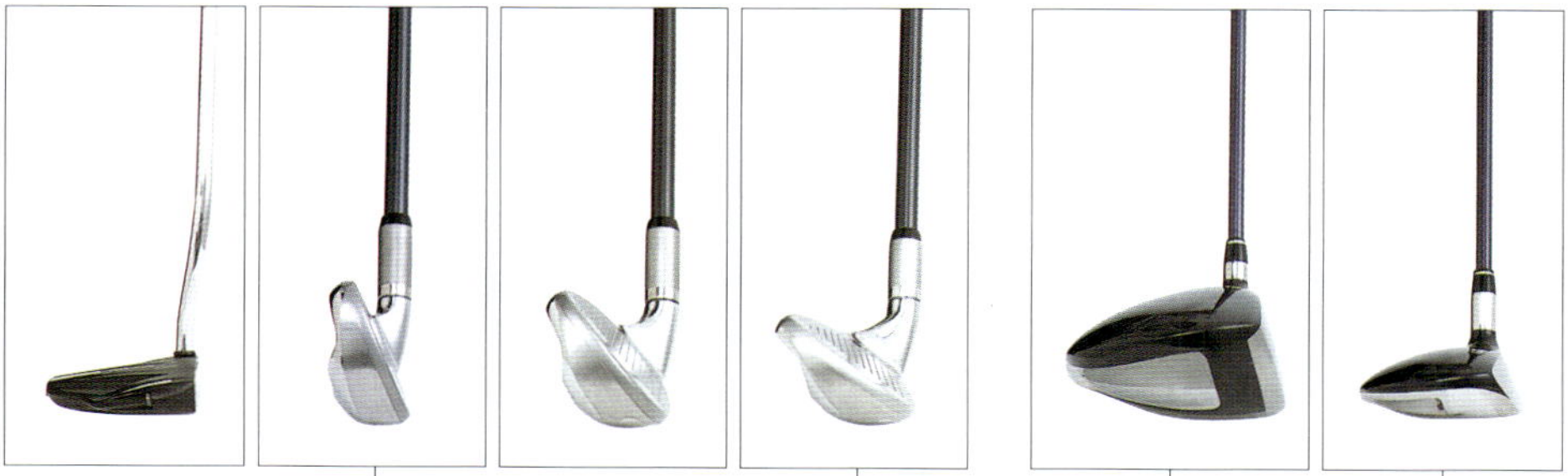

アイアン
7番アイアンはシャフトの長さがすべてのクラブの中間くらいなので、スイングの基礎を覚えるのに最適。厚みがあるのでボールが上がりやすく、女性にもオススメ

UTL (ユーティリティ)
形状がウッドとアイアンの中間で、万能に使えるクラブ。ヘッドが軽めて振り切りやすく、女性向きです

ウッド
ティショットで使われるドライバー（1番）から5番までが一般的ですが、最近は7番、9番なども使われています

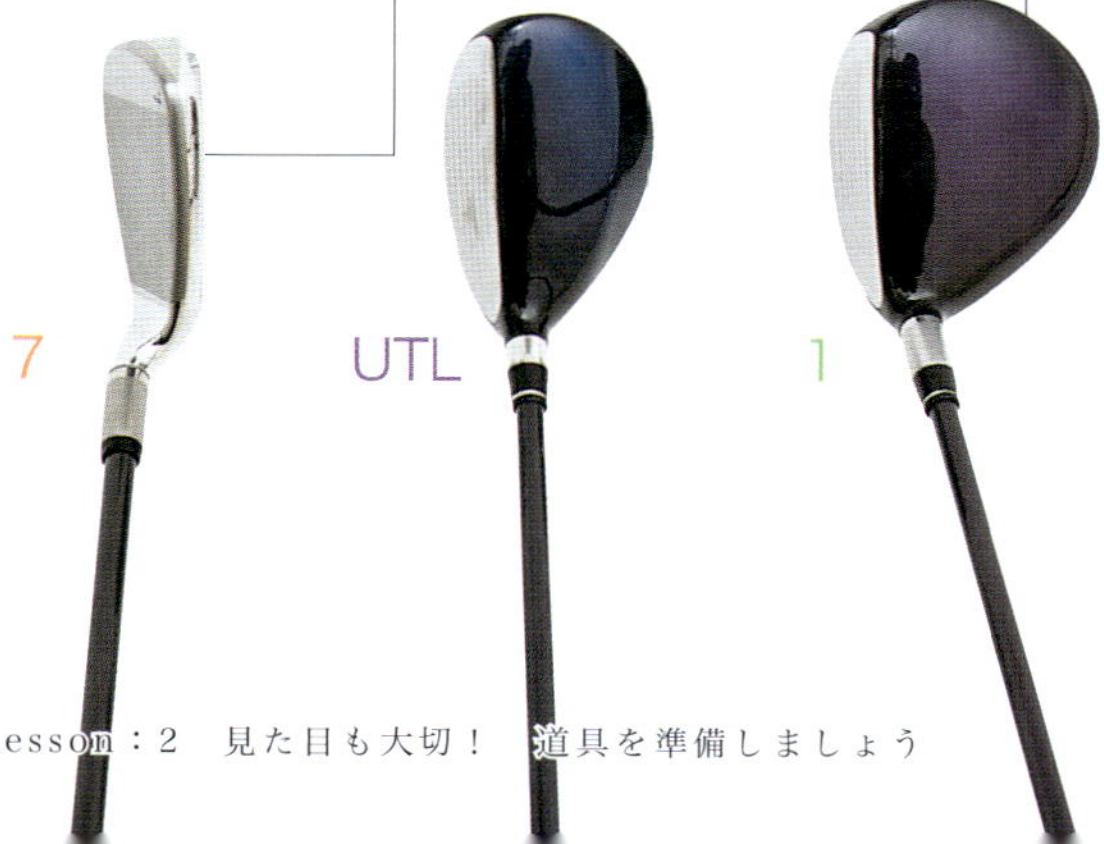

クラブの番号について
ウッドもアイアンも、番号の大きいものほどフェースの傾きも大きくなるのでボールが高く上がり、飛距離は短くなります。またシャフトが短くなるという特徴も。状況に合わせて使いわけましょう

私にぴったりのクラブを選ぶ

1 試しに打ってみよう

　自分に合ったクラブを買うには、やはり実際に専門店へ足を運ぶのがベスト。店にはたいてい試打室があるので、実際に打ち心地を確かめたり、スタッフにアドバイスしてもらったりして選びましょう。すべて標準値でつくられている初心者用セットなどもあり、何を選んでいいかわからない人にもオススメ。

　練習やコースでのプレーを重ねて、自分のクセがわかってきたところで真剣に選ぶ、というのも手です

協力：ヴィクトリアゴルフ銀座店
東京都中央区銀座 5-5-19
Tel.03-3569-2750

ボールを転がしてみる

クラブを振り切ってみる

フルセット

全部で 14 本が一般的。ウッドの１・３・４番とアイアン３～９番・PW（ピッチングウエッジ）・SW（サンドウエッジ）の９本に、アプローチウエッジとパターを加えるラインナップです

ハーフセット

全部で 10 本が一般的。フルセットからウッドの３番とアイアンの３・４番、アプローチウエッジを除いたもので構成されています

2 相談してみよう

　初心者ならわからないことがあって当然。疑問や知りたいことは、どんどん店員さんに相談してみましょう。クラブ選びには「構えやすさ」「打ちやすさ」「見た目の好き嫌い」「値段」などポイントがいろいろ。

　初心者はいきなりフルセットをそろえるよりハーフセットもしくは５～６本からスタートして、後々必要なものを買いそろえていくくらいがちょうどいいでしょう

memo

ボールって、どうなってるの？

ボールのしくみ

ゴルフボールは全英ゴルフ協会の規格により重さ 45.93 g（1.62 オンス）、直径 42.67mm（1.68 インチ）以下と決められています。「ディンプル」と呼ばれる表面のくぼみは、空気抵抗を少なくし、ボールの揚力を大きくするためのもの。このデコボコの数や構造、硬さなどによって回転や飛距離などがかわってきます。練習場では専用の 1 ピースもしくは 2 ピースが多く使われています

①構造

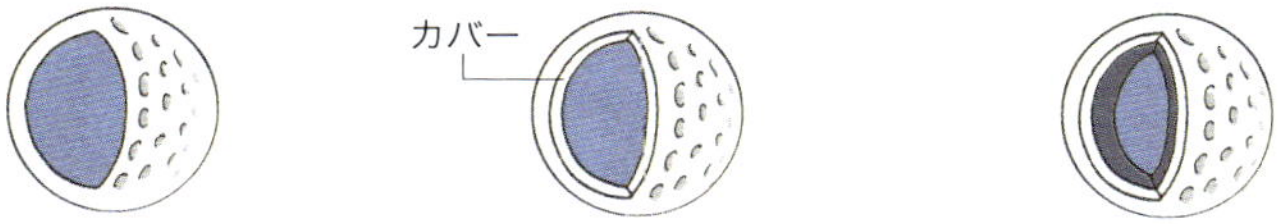

1ピース

合成ゴムの芯（コア）だけでつくられたボール。傷つきにくく、耐久性はありますが飛距離が伸びにくいため、最近ではほとんど見かけなくなりました

2ピース

合成ゴムの芯（コア）に硬いカバーをかぶせたボール。打った瞬間の変形が抑えられるので反発性が高く、よく飛びます。ただしスピンがかかりにくいのが欠点

3ピース

芯（コア）を包むカバーを二重にした、三重構造のボール。打った瞬間の柔らかい感触と飛距離を兼ね備えています。ただし値段も高めなので上級者向け

②特性

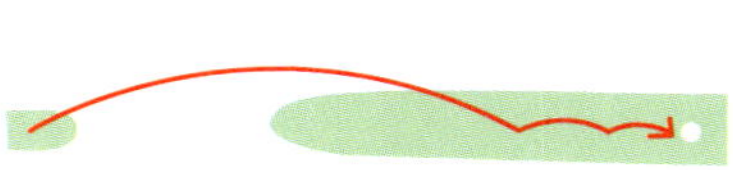

ディスタンス系

飛距離を伸ばすため、硬めのカバーをかけてスピンを抑えたボール。初心者や中級者向け

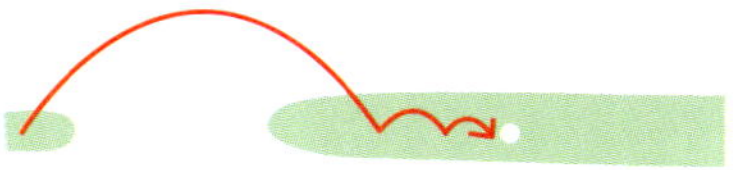

スピン系

柔らかめのカバーで回転をかかりやすくし、飛距離よりもコントロールを重視したボール。上級者向け

コースに出るならボール選びのコツを知ろう

ボール選びの基本は、自分のヘッドスピードに合ったものを選ぶことなのですが、初心者はまだまだそこまで考えなくて OK。むしろボールをなくすことも多いので、安いものを多めに持つのがオススメ。ロスト（ユーズド）ボールのまとめ買いなどをしておくといいでしょう

ゴルフ用語レッスン No.2

今すぐ会話に使えちゃう！

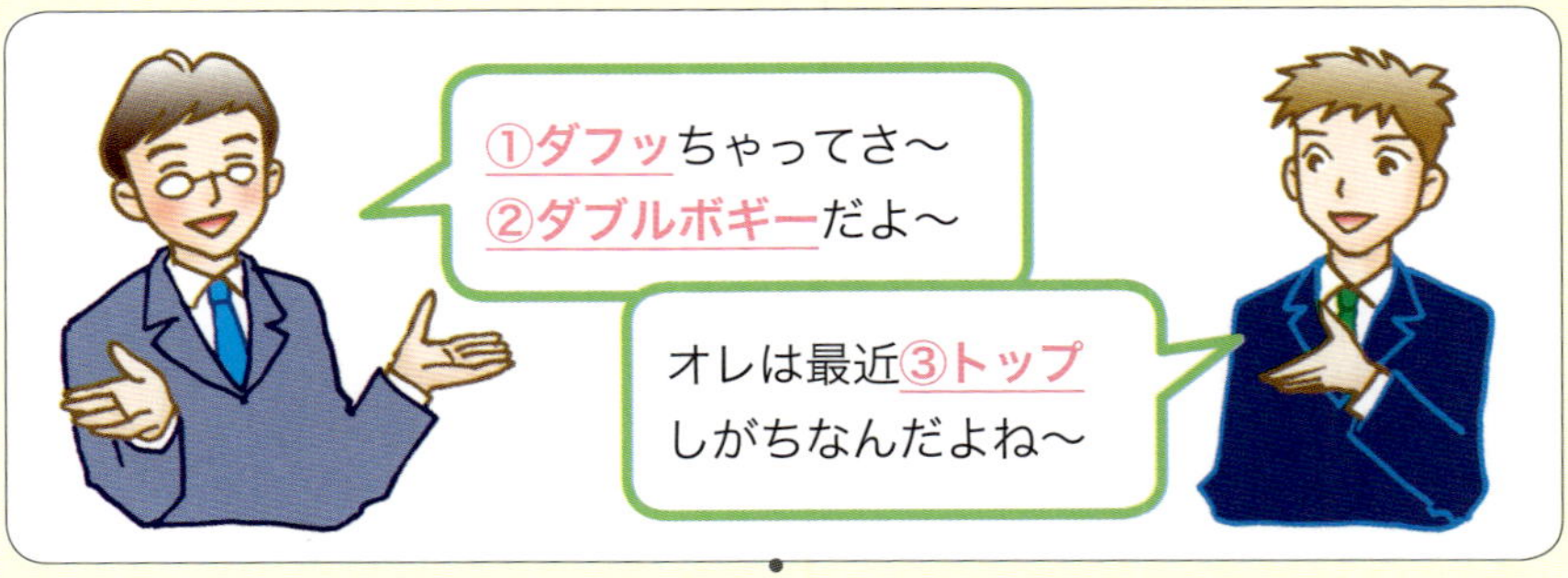
①ダフッちゃってさ～
②ダブルボギーだよ～
オレは最近③トップしがちなんだよね～

①ダフるっていうのは**ボールの手前の地面を打ってしまう**こと。

クラブのヘッドがボールの手前の地面をたたいちゃうこと。グリーンで芝生がはげてるところはダフった跡ってことね

へぇ～

②ダブルボギーっていうのは**スコアがパー＋２打**ってこと。

ホールごとの規定打数（パー）より２打多くホールを出るのがダブルボギー。たとえばパー３のとき５打でカップインすることよ

ほぅ

③トップっていうのは**ボールの頭を打ってしまう**こと。

クラブの下側でボールの頭をたたいてしまうのがトップ。ちなみにこれは和製英語で、英語では「thin shot」っていうの

そっか！

Lesson：3

いよいよ実践！楽しいスイング＆練習場デビュー

難しいリクツもテクニックもいりません。クラブを持った手を振り子のようにぶら〜んと振れば、美しいスイングが完成。さあ、気軽に近くの練習場へ！

ドキドキ…練習場でスイングデビュー！

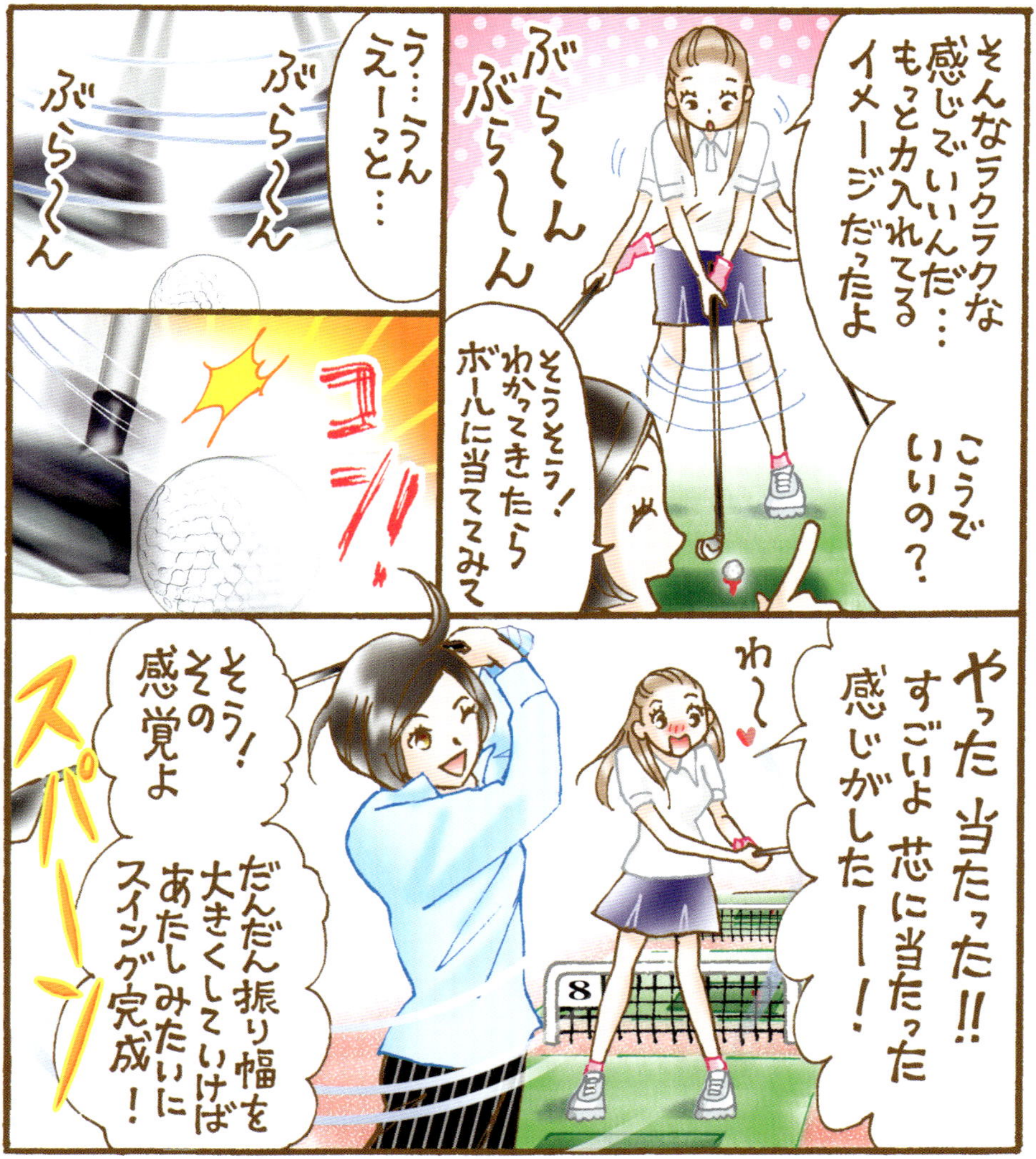

このレッスンでは…

**いよいよ練習場！
ぶら〜んスイングで
ラクラク上達しましょ♪**

練習場って「打ちまくるための場所」じゃないの？

「形」にこだわりすぎると、練習場ではうまくいっても、いつかコースに出たときに条件が違いすぎて困ってしまうかも…。どんな状況にも対応できるよう「マイスイング」を身につけましょう

気持ちよく打てる！マイスイングを見つける場所

練習場は、とにかく数を打つところ、と思っている人もいるようです。確かにどんどん打っていれば、何度かはボールがキレイに飛ぶこともあるはず。でも、なぜうまくいったのかわからずに、ただその結果だけで満足していては、コースに出たときの役には立ちません。なぜかというと、コースには傾斜地やバンカーといったさまざまな悪条件があり、それでもコンスタントに狙いどおり打てないといけないから。常に平らなマットから打てる練習場で、反復練習をして覚えた「形」だけでは対応しきれないのです！

練習場はスイングを覚え、自分にとって無理のない体の動かし方を知る場所。大切なのは「形」ではなく「感覚」を身につけることなのです。

memo

まわりを気にせず打とう！

練習場では、近くで上手な人が打っていると緊張したり、周囲の目が気になったりしがち。でもまわりに惑わされていては、自分のスイングがなかなか会得できません。マイペースで楽しく打ちましょう

規模もシステムもさまざまな練習場を使いわけよう

ゴルフで距離を表すときは、基本的にアメリカの単位「ヤード」を使います。1ヤードは約0.9m。つまり、100m走は110ヤード走ることになります。

ひと口に練習場といっても、屋内で的が目の前にあるような狭いところから、屋外で250ヤード以上ある広いところ、さらにパッティングやアプローチ、バンカーの練習ができるところなど、種類はさまざま。練習の目的や通いやすさ、施設の充実度などで使いわけましょう。

どんな練習場があるの？

●屋内練習場

安定したスイングを身につけたいなら、街中の建物内などにある屋内練習場へ。会社帰りに気楽に寄れるのも◎

●屋外練習場

ボールを思い切り飛ばしてみたい！と思ったら、広々とした屋外練習場へ。奥行きのある練習場には目標グリーンがあり、飛距離を意識して打てます。打席を2階、3階にも設けているところも

●ゴルフ場併設練習場

ラウンド前に少し打っておきたいときなどに便利

練習場デビューに密着！

1 練習場に到着

使うのはグローブとクラブ。靴はスニーカーでも大丈夫ですし、クラブはレンタルできるので、最低限グローブさえあれば OK！

2 カードを購入

まずは自動販売機で貸しボールのプリペイドカードを購入。施設によりますが、入場料は別会計のところが多いようです。時間単位で打ち放題のところも

3 フロントにカードを提示

フロントにカードを提示してチェックイン。入場料が別の場合は代金を支払い、そのあと打席を選んで、打席カードを受け取ります

4 クラブを借りる

クラブを持っていない場合は、フロントで借ります。レンタル料は1本数百円程度がほとんど。何本か持たせてもらって選びましょう

5 打席へ向かう

カードに記された番号の打席へ。練習中の人の邪魔にならないよう十分離れ、静かに歩くこと！

ウエア、アイテムのクレジットは P.159

6 軽くストレッチ

打席に入ったら、打つ前にまずは軽く体をほぐします。足を伸ばしたり、背すじを伸ばして腰を回したりするのが効果的

7 ボールを出す

打席の脇にある挿入口にカードを入れると、ボールが自動的に出てきます。練習場によってはボール貸出機からカゴに入れて持って行くところもあります

8 打つ

いよいよ練習開始。まずは、ティをやや高めにセットして打ち始め、だんだん低くしていき、最後はマットから直接打つという順序が打ちやすくてオススメです

打席で打っている人に近づくときは、声をかけましょう

memo

レッスンを受けてみる

多くの練習場ではプロによるレッスンが行われています。初心者向けのレッスンでは、クラブの握り方やアドレスなど基礎的なことから教えてもらえるので、試しに受けてみてもいいでしょう

9 おしぼりでスッキリ

通路の脇にはおしぼりが用意されています。練習後や、ちょっと休憩したいときには手をふいてスッキリしましょう

腕力に自信のない女性にぴったりの「ぶら～んスイング」から始めてみよう

美しくて、しなやかでなめらかなスイング！

バレエなどのダンスを見てキレイだなあと思うのは、力の入っていない、体の動きがしなやかなとき。もちろん、ひとつひとつのポーズもそうなのですが、踊りとは、それらをつなぐ一連の動きすべてが美しいものなのです。

ゴルフのスイングも同じです。力まかせに、決められた型どおりにクラブを振るのではなく、なめらか～なスイングをしたいもの。体の力を抜いてクラブを振るぶら～んスイングは、美しく、しなやかに、クラブの重さを活かしてボールを飛ばします。とても効率がいいうえに、振っていて気持ちいいスイングなのです。

男性より、腕力に自信がない女性に特に向いています。

ぶら〜んスイング

クラブの重さを活かして遠心力で飛ばす

腕の力を抜き、ヘッドの重さを意識しながら振り子をイメージしてクラブを振るスイング。ボールを狙って打つのではなく、ヘッドスピードが最速になったところにたまたまあったボールが当たる、といったイメージです

流れるような美しさ！

パワースイング

思い切りボールをたたき力で飛ばす

体全体で力を込めてクラブを振るパワースイング。ボールに「当てる」というより、「たたく」イメージです

ふんっ

クラブが「飛ばす」しくみはコレ

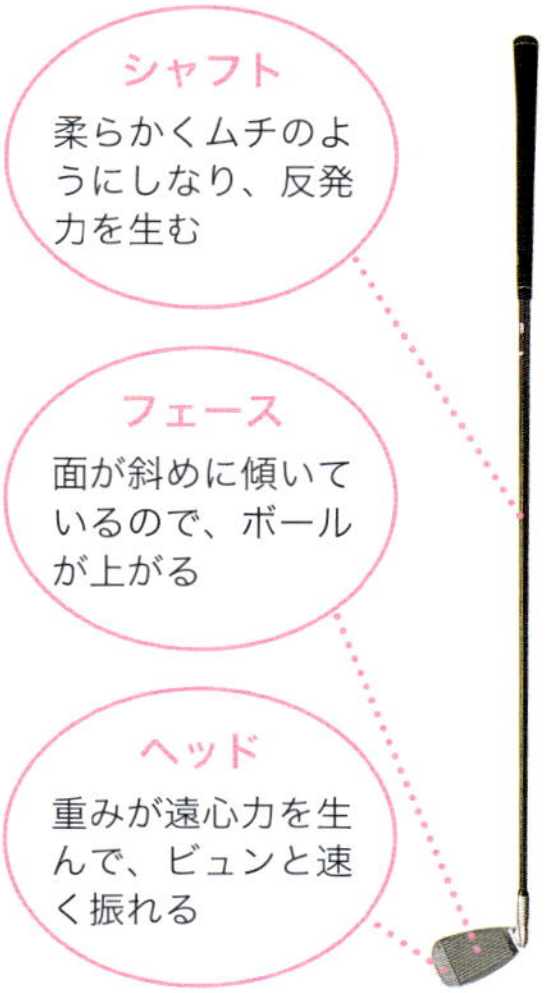
シャフト
柔らかくムチのようにしなり、反発力を生む
フェース
面が斜めに傾いているので、ボールが上がる
ヘッド
重みが遠心力を生んで、ビュンと速く振れる

ゴルフは「道具」が命！

想像してみてください。もしクラブがただの木の棒だったらどうでしょう。思い切り力を込めて振ったところで、クラブよりも飛ぶでしょうか？　何だかあまり飛距離が出なそうですよね。

そもそもクラブのつくりは、ボールを飛ばしやすいようにできているもの。最初のうちはなかなか実感できないのですが、シャフト、フェース、ヘッドがそれぞれの役割を果たすことでクラブは機能してるんです。せっかく「使えば飛ぶ」ように設計されている、この力を活かさないのは損！

クラブの性能をフル活用できる、効率的な体の使い方が「ぶら〜んスイング」なんです。

その場でわかる！ぶら～んスイングに大切な「感覚」

そこにあるかばんでやってみよう

前後に体重がかからず、体の中心に重心がある安定した姿勢で、かばんの持ち手を軽く握ります。とにかくリラックスしてよけいな力を抜くのがポイント。かばんを左右に振ってみて、その感覚に身をゆだねてみましょう。自然に腕が揺れ、かばんの動くリズムが体に伝わってきませんか？

かばんが安定せず前後に暴れてしまうなら、腕に力が入っています。引き上げようとせず、かばんの動きに体を合わせて揺らしてみてください

「型」に気を取られず「流れ」を意識！

ぶら～んスイングで大切なのは感覚。ここでは手首を曲げる、とか、腕はまっすぐ伸ばしたまま、とか、そうした知識としての「型」は思い切って捨てましょう。つまり、ぶら～んとクラブを揺らしたときに、いちばん自然な体の動きの流れを覚えてしまえばいいのです。

ほかの理論に染まっていない初心者にとって、感覚重視のぶら～んスイングは、とても簡単なうえにラクに上達できる、いわば魔法のスイング。

ぶら～んスイングの目標はもちろん、気持ちよく、ただクラブを振ることではなく、気持ちよくボールを打つこと。そのためには、いくつかポイントもあります。練習場で一緒にやってみましょう。

ウエア、アイテムのクレジットはP.159

ぶら～んスイングのしくみ

しくみ1

クラブの重さを感じる

まずはヘッドの重さを体感することが大切。その重さによって生まれる遠心力を利用してボールを飛ばすのが、効率いいスイングです。腕の力を抜いて、素直に感じたその重さがボールを飛ばすのです

しくみ2

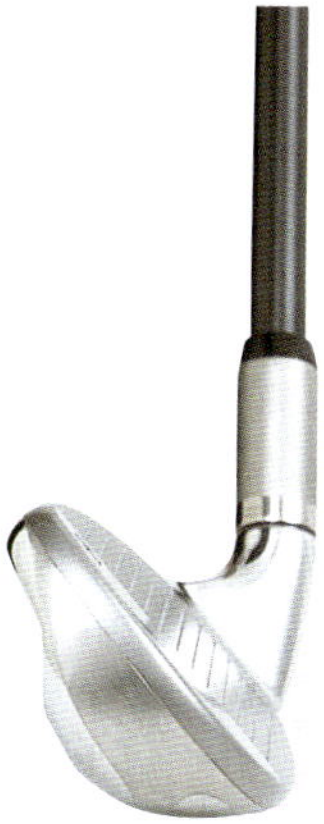

フェースはまっすぐ

P.48でも少し説明しますが、クラブのフェースは斜め上を向いているため、目の錯覚におちいりがち。フェースが本当にまっすぐな状態のクラブを持った感覚を、体で覚えておきましょう

しくみ3

立ち方は安定！グリップは軽く

体の力を抜いて軽くその場でジャンプしてみましょう。着地した直後の、ひざが軽く曲がって足の裏全体で体を支えている状態が、もっとも安定した立ち方。そのまま、グリップを軽く握ります

完成！

スイングはぶら～ん！

腕の力を抜いて、振り子のようにぶら～んとゆっくりクラブを振ります。体のどこにも無理な力がかからず、ヘッドの重さを感じながら気持ちよく「ぶら～ん」とクラブが振れれば、それでもうスイング完成！

一緒にやろう!

ぶら〜んスイング

play 1

正しい向きでクラブを持ってみよう

どっちもまっすぐ？

写真のようにクラブとラケットをそれぞれ両手で持って、ゆっくり下ろしてみましょう。ラケットはボールを打つ面に角度がついていないので、見え方はまっすぐなまま。ところがゴルフクラブのほうは、ヘッドを横に曲げて、さらにひねってあるため、シャフトをまっすぐに持っても、フェースが曲がって見えるのです

テニス

ゴルフ

NG

GOOD

見た目のまっすぐにだまされない！

胸元でまっすぐに合わせたフェースを下ろしたとき、クラブのフェースはボールに対して少し斜めに見えます。そのまま打つと右方向へズレてしまいそうな気がして、つい、フェースをボールに対して直角にしてしまうことがありますが、それはNG。体のバランスが崩れるうえに、本当はまっすぐだったフェースをわざわざ傾けることに！

目の錯覚に惑わされないで！

当たると気持ちいい！「芯」を見つけよう

試しに打ってみよう
あっ！いい音がする
コンッ！

本当に軽い力で打つだけなのに気持ちいい感触が伝わってきます

どこがいちばん重いかな？

クラブを上げ下げして、「芯」をとらえる「正しい向き」を探そう

視覚に頼るとフェースの角度にだまされてしまうので、正しい「まっすぐ」の位置はクラブの重さでつかみましょう。腰の高さに構えたクラブを上下に振ってみます。フェースが正しい向きになっていれば、軽く握っていてもクラブが左右にブレず、自然に上げ下げできるはず。それがまっすぐ構えたときのクラブの重さです。正しい向きとはつまり、重心をとらえた持ち方をしている向きということ。この感覚を覚えてそのまま下ろせば、ボールの芯をとらえる構えのできあがり！　ちょっと打っただけで想像以上にポーンと飛ぶのを実感できるはず

CHECK Point

まっすぐのときは違和感がない

わざと左右に傾けて正しいバランスをつかもう

フェースがまっすぐのときの重さを実感するために、フェース部分をわざと左右に傾けて同じことを試してみましょう。全体のバランスが崩れてグリップを握る手によけいな力が入り、クラブがグラグラしてスムーズに上げ下げできないはず。フェースがまっすぐなら、こうした違和感はありません

一緒にやろう!
ぶら〜ん
スイング

play 2

難しいことは抜き!「ぶら〜ん」と振ってみよう

まずは片手で「ぶら〜ん」の感覚をつかもう

「クラブの重さを感じてぶら〜んと振るだけ」というと、簡単そうに思えますが、最初は腕に力が入ってしまったり、手首やひじから先だけで動かしてしまったりと、なかなか難しいもの。

そこでまずは利き手だけでクラブを振ってみましょう。腕にかかるクラブの重さを、両手で持ったときより体感しやすいので「これがヘッドの重みだな」と実感できます。イメージとしては、スイングするというより、片手で持ったかばんをブラブラさせるあの感覚で振ってみましょう。重さやスピードが腕に伝わってくるはずです。

感覚がつかめたら、次は両手で。両腕が振り子のように脱力して動く感じがわかりませんか?

これが「ぶら〜んスイング」の感覚です。

力を入れずに
ぶら〜んが
ポイントよ

両手でぶら～ん

クラブの重さが実感できたら、今度は両手で。やり方はかばんを振ったときと同じです。振り方や立ち方、スイングの型やスピードは、まったく気にせず、ただクラブの動きを体で感じて！

両手で
振ってみる

片手でぶら～ん

順番に両方の腕で振ってみて。日常からよく使っている利き手のほうがクラブをラクに振れるので、あまり動きに慣れていない反対の腕を少し多めに

逆の手で
振ってみる

力を入れると
大変！
力を抜いて
ラクラク♪

NG Point

力を入れて振ると、ぎこちな～い動きに…

手首や肩だけを使って打っていませんか？

クラブの重さで自然に手首やひじが曲がるのは構いませんが、手首だけ、肩だけなど、体の一部分を無理に動かしたり、力を入れて振ったりするのは NG。腕の力は抜いて、クラブの重さにまかせて自然に振る感覚で

一緒にやろう!
ぶら〜んスイング

play 3

リズミカルにティを打ってみよう

ティ打ちのリズムがすべてのスイングの原点です！

両手でぶら〜んの感覚がわかってきたら、練習場などにあるゴムのティを使って、スイングのリズムを覚えましょう。ぶら〜んぶら〜んと腕を振って、往復でティをたたきます。クラブの重さにさからわず、リズミカルに打つのがポイント。自分が体を動かすというより、クラブの重みにつられて動いているくらいでいいんです。

この「クラブの重さにさからわないリズム」が、じつはスイングの原点。これから重ねる練習で、もっと飛ばすためのスイングや、正確なショットを打つコツなど、いろいろなことを覚えていきますが、すべての基本は、ティ打ちのリズムとその感覚。自分のスイングがわからなくなったら、ティ打ちに戻る！　これを覚えておきましょう。

一緒にやろう!

ぶら〜んスイング

play 4

大きく振り上げてみよう

ヘッドを上げて重みを感じる

まず体の正面にクラブを構え、ヘッドを上げます。いちばん重みを感じる地点をつかんだら、そのままの高さで右にスライド。自分の真横あたりでストップさせてください。それがいわゆる「トップの位置」。振り下ろし始める場所なんです

クラブを振り上げる高さには限界点があるんです

クラブをゆっくり振り上げていくと、フッと軽くなる瞬間があります。その寸前に感じる重さがそのまま、ボールを打つのに必要な重さ。そこがクラブを振り上げる高さの限界点です。それ以上上げると、「振り下ろそう」という意識のせいで、クラブの力を活かしきれません。

重さを感じるポイントはどこかな？

「重た〜い」限界点から振る

限界点から自然にクラブを振り下ろせば、無駄な力を入れなくても気持ちよく大きいスイングができます

グイッ
ヨロッ…

一緒にやろう!

ぶら〜んスイング

play 5

立ち方を見直してみよう

足裏全体で体重を支えてしっかり立てるかな？

もしブランコの柱がグラついていたら、安心してイスを揺らせるでしょうか？　スピードを出したい、と頑張ってこいでも、軸が不安定だとイスにかかる遠心力も弱まってしまいます。

これをゴルフに置きかえて考えてみてください。ブレないスイングをするためにはまず柱、つまり両足で安定した立ち方をすることが大切なんですね。試しに自分がいちばん安定していると思う体勢でクラブを構えて、誰かに背中を軽く押してもらいましょう。体がグラグラしてしまったら、それは体が安定していない証拠。体の重心がズレてしまっているんです。そんなときはジャンプして、足裏全体に体重をかけるようにしてみましょう。重心のズレを正せますよ。

グラグラしたらその場でジャンプ

立ち方が不安定なときは、その場で軽くジャンプしてみましょう。着地した直後は、ひざが軽く曲がって体重を足裏全体で支えているはず。これが「安定した立ち方」です。この状態なら、背中を押されても上半身が軽く動く程度ですみます

NG Point

不安定な体にスイングの神は宿らない！

背中を押されて体が前に傾く人は「つま先重心」、後ろに倒れそうになる人は「かかと重心」

体の前後に重心がかかると「ぶら～ん」ができない

ブランコの柱がグラついていると、イスはキレイに揺れませんよね。これはゴルフも同じ。つまり体がグラつくと、腕に力を入れなければクラブがうまく振れないのです。力みはご法度《はっと》のぶら～んスイングでは、腕の力を抜くためにも軸の安定が不可欠なんです

一緒にやろう！

ぶら〜んスイング

play 6

正しい握り方にしてみよう

中指と薬指がポイントね！

中指と薬指でひっかけてギュッと握りすぎないで！

握り方には個人差や好みがあるので、自分でいろいろ試して、いちばんしっくりくる方法を探してみましょう。どの握り方でもポイントは「中指と薬指をひっかける感覚」。買い物袋などを持つとき、人差し指から小指までの4本全部で持つと力は腕だけにかかりますが、中指と薬指だけで持つと体全体で重さを支えられるんです！

たとえば親指と人差し指に力を入れると、腕の上側の筋肉が硬くなり、小指に力を入れると下側が硬くなります。つまり中指と薬指を中心に握ることで、リラックスした状態の腕を通して体でクラブを持つことができるんです。またグリップを握る力は、スイングの遠心力ですっぽり抜けてしまわない程度で十分です。

自分がいちばん
しっくりくる
握り方がベスト

基本の握り方
（オーバーラッピンググリップ）

まず左の中指と薬指をグリップの下にひっかけます。次にグリップの上に親指を添え、親指のつけ根と中指、薬指でグリップを上下から押すようなイメージで軽く握ります。そこに右手をフワッとかぶせ、親指の向きを平行にしたまま前にスライドさせます。安定したところで右手を軽く握りましょう

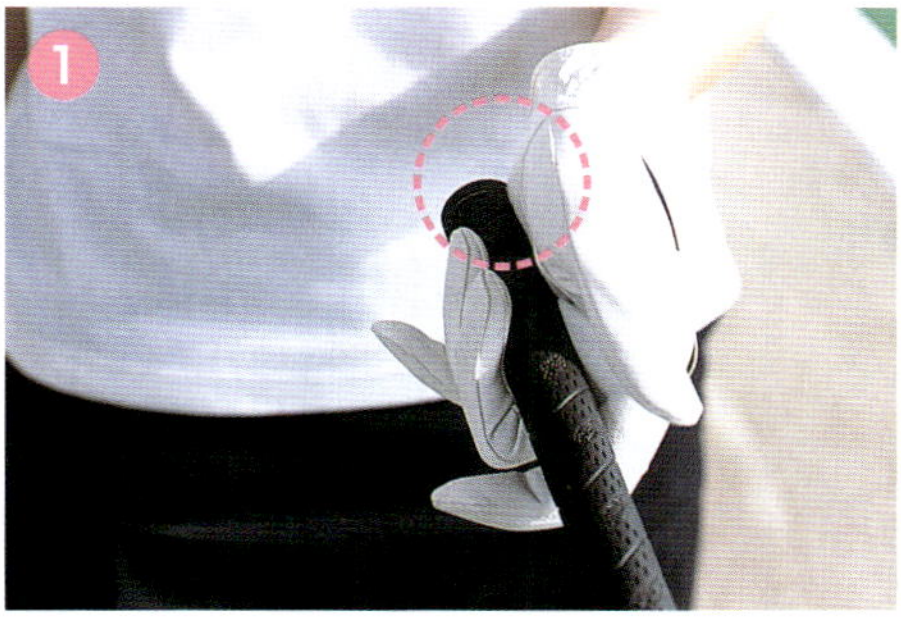

左の中指と薬指をグリップの下にひっかけ、小指のつけ根にクラブの端を当てる

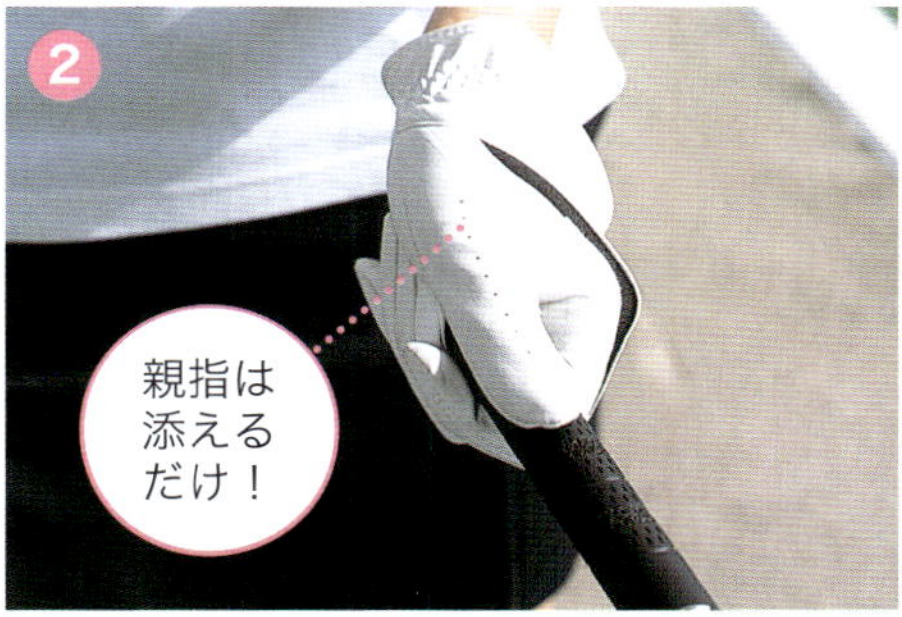

親指をグリップの中心より少し右側に置いて軽く握る

親指のつけ根どうしが重なるよう右手を左手にかぶせる

右手をずらし小指を左の人差し指と中指の間にのせる

オーバーラッピンググリップ

右の小指を左の人差し指と中指の間にのせる握り方。右手に力が入りすぎるのを防ぎ、左右の手の力のバランスが取りやすいのが特徴です。プロ・アマともに、現在もっとも一般的な握り方

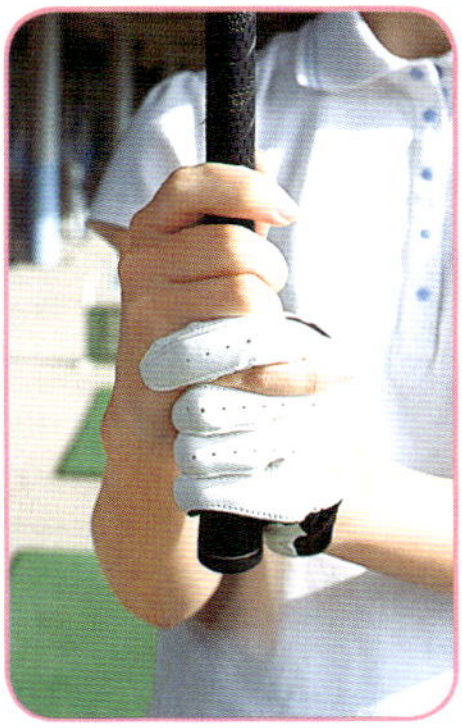

インターロッキンググリップ

左の人差し指と右の小指をからませる握り方。こうすることでグリップのゆるみが抑えられるのが特徴です。右手と左手の一体感が大きくなる半面、手の力は入れにくくなります。力みすぎてしまう人にオススメ

打ってみよう！

型や理論は気にしない 自然なスイングは 体が気持ちいい！

いよいよ身につけた「ぶら～んスイング」で、ボールを打ってみましょう。まずは打席に立って、小さく素振り。スイングの感覚がつかめたら、ティにボールをのせます。そして小さい振りのまま何球か打ってみてください。「コン」といい音がして「芯に当たって気持ちいい」感覚が体に残りませんか？

その動きに慣れたら、だんだん振りを大きくしていきます。

●軽くジャンプして姿勢を安定させる
●しっくりくる握り方をする
●フェースを「まっすぐ」に構える
●重さを感じる限界点まで振り上げる

これで準備ＯＫ。そのままクラブを自然に振り下ろせばスイング完成です。自分のテンポやリズムをつかみましょう。

スイング完成！ さあ、

DO Point

練習のポイント

打ちすぎないこと！　聞きすぎないこと！

ゴルフの練習で大事なのは「とにかく当てる！」ではなく、「自分が気持ちのいいスイング感覚」を身につけること。特に初心者はひたすら打つより、自然なフォームの流れや体の動かし方をつかむことから始めましょう。目標は自分の感覚を磨くことなので、いろいろ忠告してくれる人がいても「ふ～ん、端から見ると私のスイングはこうなんだな」と思っていればいいんです

memo

「なんか気持ちいい」感覚って？

ボールが飛ぶか飛ばないかより、まずは体が感じる「気持ちよさ」をチェックします。腕がブランコのように自然に大きく振れ、スイングに体がつられて動く感覚があれば気持ちいいスイング。何球か打っていくうちに、だんだん飛ぶようになってきます

スイング前にやると効果的

体が目覚める！ 感覚アップエクササイズ

私の体って、本当は「デキる」ヤツだったんだ！

頭の中にスイングやボールを打ったときのイメージが描けなければ、キレイな動きはできません。反対に美しいスイングをイメージできても、実際にそのとおり体が動かなければダメ。

じつは、ゴルフの上達にいちばん大切なのは「頭でイメージしたとおりに体が動く」こと。つまり「頭と体がきちんと連動する」ことなんです。

そのためには、思い描いたイメージが伝わりやすいよう、体を敏感にしておくことが大事。筋トレなどで体をきたえても休めば元に戻ってしまいますが、一度身についた感覚は自転車にのるのと同じでなかなか忘れないものです。練習前などにここで紹介するエクササイズで、秘めた感覚を目覚めさせ、「デキる」体に戻しましょう。

〜 体の力がほどよく抜ける 〜

腕をぶら〜ん

やり方

腕を左右に振る。腰をひねるのではなく、全身から力を抜いて、全体を揺らすような気持ちで

腕が、でんでん太鼓にくっついた左右の糸になったような意識で

効果

体に入ったよけいな力を抜いて、リラックスさせます。ひざをゆるめる効果もあります

〜 正しい立ち方のコツが身につく 〜

つま先・かかと立ち

やり方

その場で、つま先立ちとかかと立ちを交互に10回ほど行います。階段などの段差でやれば、脚の裏のすじが伸びる効果も

効果

極端に前後に体重をかけることで「足全体に体重がかかった状態」がすぐわかるようになります

〜「意識」の仕方を変える 〜

目つむりバランス

やり方

はじめは目を開けて片足で立ち、次に目をつむってその状態を10秒ほどキープします。片足が終わったら、反対側も同様に行います

効果

バランス感覚を整えます。デスクワークなどで鈍った、平衡感覚を回復させる効果があります

地面に着いている足に意識を取られると、バランスが崩れて立っていられない！

ポイントは持ち上げたほうの脚を意識すること。こちらを伸ばすように力を入れると体がグラつきません

〜 集中力がアップする 〜

ボトル立て

やり方

両手でヒモの両端を持ち、床に倒した空《から》のペットボトルの首の部分にひっかけてそっと立たせます。慣れてきたら長いヒモで

効果

ボトルを立てる瞬間まで気を抜かないのがポイント。ボールを打つ最後の瞬間まで集中力を保つレッスンになります

スイング前にやると効果的

頭が目覚める! 感覚アップエクササイズ

～ 目の反応がよくなる ～

目力《ぢから》ストレッチ

やり方

目の前に指を1本立てて前後に動かし、目の焦点をすばやく合わせます。次に両手の指を広げて、指の間に糸を引くように目だけを左右にジグザグ動かします

効果

目の焦点の位置をすばやく移動させる訓練になります。目の動きが柔軟になり、スイングのブレを防ぎます

～ リズミカルな動きができる ～

何でもお手玉

やり方

ボールを1個放り、その手でボールのまわりを1周してキャッチ。慣れてきたら反対回しに。そのあと、ボール2個でお手玉をし、慣れてきたら反対回しにしたり、ボール1個とそれより重いもので回したりしてみましょう

効果

目と手の動きをコントロールするトレーニング。また、ボールを見つめすぎず、体とボールとの距離感をつかむ練習でもあります。重さの違うものでお手玉をすると、最初は軽いものを放るほうの手が上がってしまいますが、そのうち体が勝手にバランスを取ってくれます

感覚アップエクササイズの効果

脳からピピッと指令が来やすい「頭とつながる体」をつくる

私たちの体は、じつは自分で考えているよりもっとすごい力を秘めています。たとえばあなたがレストランでお水のおかわりを頼んだとします。あなたの持っているコップに、水が注がれる瞬間を想像してみてください。反射的に、コップを握る手にギュッと力が入ってしまいませんか？　「落とさないようにしよう。だから強く握ろう」とわざわざ頭で考えているのではなく、体が無意識のうちに調整してくれているのです。

ゴルフでは、頭と体がうまくリンクして、考えなくても反射的に体が動くようになるのがベスト。このエクササイズ、思いついたときに遊び感覚でやってみて。自分の苦手なものだけをピックアップして行ってもいいでしょう

～ 指先と脳をつなぐ ～

グーパーグーパー

やり方

片手を胸の前に、もう片手は横に伸ばし、最初は胸の前に置いた手をグー、伸ばした手をパーにして、テンポよく右手と左手をチェンジ。慣れてきたら、胸の前をパーで、伸ばしたほうをグーにして同様に

効果

腕と指先の感覚アップトレーニング。脳から体への情報伝達スピードがアップします。慣れたら片方をチョキにかえてみましょう

～ 反射神経が敏感になる ～

ハンドトレーニング

あと出しジャンケンのやり方

相手に先に出してもらって、あと出しでまずは相手と同じものを出します。それができたら次は相手に勝つ、負ける、と順番に。「ジャンケンぽん、ぽん、ぽん！」と声をかけながらテンポよく

効果

指先の感覚を鋭くさせるトレーニング。最初はゆっくり、慣れてきたらスピードを上げていきましょう。考えずに反射的に体が動くようになることが大切です

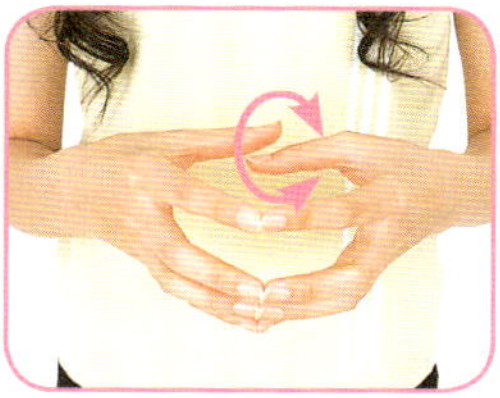

指ぐるぐるのやり方

両手の指先を体の前で合わせ、親指から順に触らないようぐるぐる回していきます

指折りのやり方

両手を開いて1～10をカウントしながら指を折っていきます。次に左の親指を1本だけ折っておいてスタート。指がズレたままカウントできるようになったら、右の親指を折って同様に

ゴルフ用語レッスン No.3

今すぐ会話に使えちゃう!

昨日の部長の①テンプラはすごかったわねえ〜

②チョロも連発でしたね〜
僕も③シャンクばっかでしたけど

①テンプラっていうのはボールが上がっちゃうこと。

ドライバーなどで打ったときに、クラブの上部がボールに当たって高く打ち上げてしまうこと。「上げる」と「揚げる」をかけてるの

②チョロっていうのはボールが転がっちゃうこと。

ボールが上がらないで、ほんの少ししか転がらないこと。ミニカーの「チョロＱ」みたいに転がることからきてるのよ

③シャンクっていうのはボールが右に曲がること。

フェースの根元にボールが当たって、(右利きの人が打ったとき)ボールが右に飛んでしまうこと。「ソケット」ともいうの。(左利きの人なら左に曲がることよ)

女性限定！
はじめてのゴルフ

Lesson：4

女性のお悩み解決！気持ちよく打てる極秘レッスン

当てよう、飛ばそう、入れよう、とあせると、かえってうまくいかないことも…。そんなときはこの秘密の簡単レッスンで、アタマと体のバランスを回復させて！

空振り！ 飛ばない！ 悩みがつきないの…

練習を始めて早1か月
レッスンのおかげで少しずつ打てるようになってきたの
よ〜し今日も飛ばすぞ〜〜！
それっ
スカッ
あれ？
スカッ
スカッ
なんで？前より当たらない…
カン
当たった！
…ってたったの30ヤード…
50
70
30
コロコロ
なんで〜〜？
マユったらどうしたの？
「飛ばさなきゃ」とか「当てなきゃ」とかボールを意識しすぎてない？
うぐ…だってこの間一人で練習に来たら――

このレッスンでは…

ゴルフのいろんな悩みを解決します！ヒミツの練習法でネッ！

気持ちよく打てない…のにはワケがある！

自分のオリジナルスイングを身につけよう！

ゴルフ初心者は、上手な人のフォームをまねて練習したり、頭で覚えた理論どおりにスイングしようとしたりしがち。でも、人それぞれに体格や体の柔らかさなどは違うものですよね。となれば打ちやすいフォームも違っていて当然。たとえ理論的にキレイなフォームじゃなくても、体に無駄な力が入らないスムーズなスイングのほうが、あなたにとって最適なのです。

そのスイングを見つけるいちばんの方法は、自分にとって心地いいスイングの感覚を磨くこと。それが身につけば、自然と気持ちよく打てるはず。ところが、ゴルフならではの方向の勘違いや、意識のしすぎ、力の入りすぎなど、いろいろな要因がそれを邪魔しているのです。

ワケその1……方向の勘違い

右の図を見てください。横線が２本入っていますが、ゆがんでいるように見えませんか？

じつはこれ、完全な直線なんです。ゴルフには、このような錯覚があふれています。

目標に対して真横に立ってスイングするのがゴルフの特徴です。そのため目の錯覚が生まれ、まっすぐのつもりでも、目指す方向そのものがズレていた、という状態におちいりがち。

また、クラブを構えたとき、ボールを打つ面は真横に対してわずかに曲がって見えます。これはヘッドの角度による目の錯覚なのですが、ここで見た目のズレを修正しようとすると、結果的にスイングの方向がズレてしまうのです

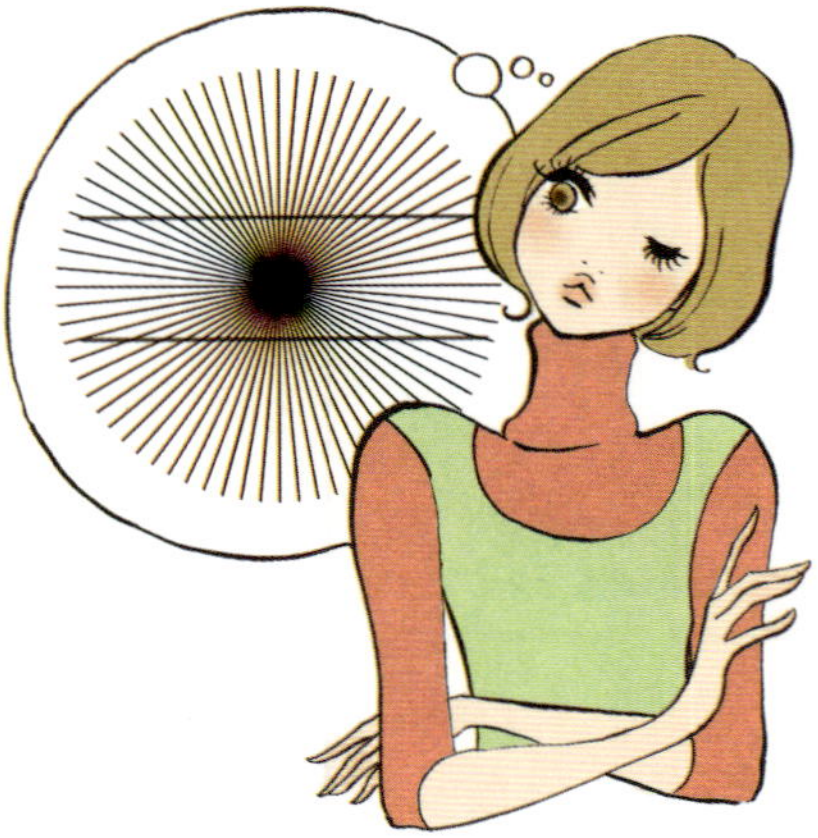

ワケその2……意識のしすぎ

「頭を下げないで！」「両腕でつくった三角形を崩さないよう肩を回して！」などと助言されるように、一般に正しいとされているフォームを意識しすぎると、体の動きがぎこちなくなってしまいます。

正しい型のつながりではなく、なめらかな一連の動き全体が本来のスイング。頭で考えすぎると、動きは止まってしまいます。また、小さなボールを打つことで生じる「当てなきゃ」という意識が体をこわばらせ、逆効果になる場合も

ワケその3……力みすぎ

ゴルフのレッスン本や教えてくれる人たちの多くは、「上達するには筋トレなどで筋力をつけることも必要」と言いますが、本来はゴルフ≠筋力。自然なスイングで、ヘッドの重みによって生まれる遠心力をフルに活かせば、ボールは十分飛ばせるもの。よけいな力は必要ありません。

むしろ力むとスイングのバランスが崩れ、結果的にボールが変な方向へ飛んだり、空振りしたりしてしまうのです

つまり…

クラブの力を利用し、特性を理解した自然なスイング

↓

気持ちよく打てる！

気持ちよく打てる極秘レッスン開始！

正しい型や打ち方からじゃなく
実際に打ってみて
うまくいかない悩みから
問題点を探していくので
即、効果が出るんです！

お悩み

空振りしちゃったり、ボールが飛ばなかったり。実際に打ってみて出てきたお悩みからスタート！

原因

どうして空振りするのか、どうして飛ばないのか…お悩みの原因を具体的に説明して問題点をピックアップ

NGアドバイス

親切に教えてくれる人もいますが、大切なのは自分の感覚。よくある“教え魔さん”のNGアドバイスも紹介します

これで解決!

お悩みを解決するための考え方や練習法を、わかりやすいキーワードとポイントで解説

実践 お家《うち》編

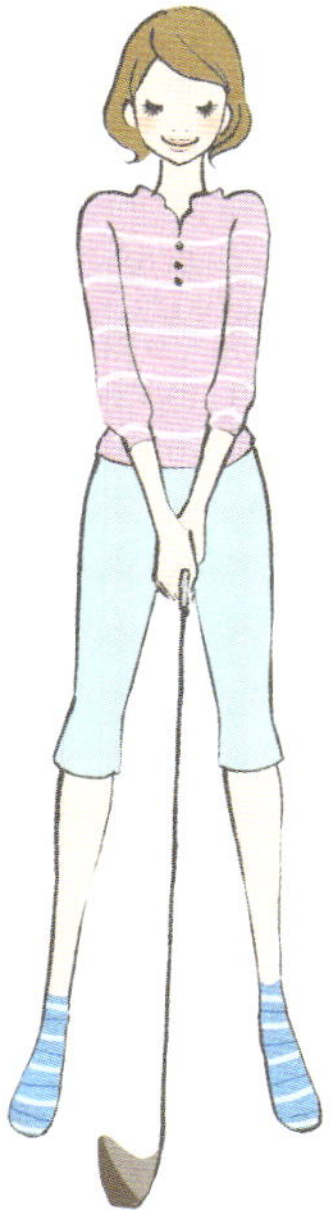

お悩み解決のために、お家でもできる練習法を紹介。身近なものを利用して、基本的な体の動きなどを確認

実践 練習場編

ラストステップとして練習場での練習法を紹介。正しい考え方を理解して練習することでお悩みが解決！

よしっ
頑張るぞ〜！

お悩み case 1 空振りしてしまいます！

？
？
あれ？
スカッ
空振り
恥ずかしい…
どうして
当たらないの？

頑張ってクラブを振ってるのに なぜ、ボールに当たらないの？

空振りって恥ずかしいものですよね。まわりの目も気になるし、何よりも「私、全然上達してないんじゃないかしら」と、自分で自分にガッカリ。そんなとき聞こえてくるのが、まわりの人たちの「ボールをよく見て」「ボールを意識して」のささやき。確かにボールに当てるために「よく見て意識する」ことは正しいように思えます。

でもここで、これまでのレッスンを思い出して！　スイングでいちばん大切なのは「ぶら〜ん」でしたよね。目標が「ボールに当てること」になると、姿勢が前かがみになったり、無理に腕の力を使ったりしてバランスが崩れてしまいます。そう、じつは当たらないのはむしろ「ボールを見すぎているから」なんです。

ボールをよく見て！

原因

NGアドバイス

止まっているボールを一生懸命見ようとすると、どうしても前かがみの姿勢になってしまうもの。そのせいで体全体の動きのバランスが崩れ、スカッ！　と空振りに…

NG Point

ダメな原因はコレだったのか…

ボールに集中する

車を運転中、センターラインを意識しすぎると右に寄ってしまうように、集中すると体は無意識にその方向へ動いてしまうもの。当たらないからとボールに集中しすぎるのは逆効果

ボールに当てにいく

ついついクラブを力でコントロールしていませんか？　クラブは手の力で動かすのではなく、全身で振るもの。当てようと意識すると逆に、バランスが崩れて当たらないのです

とにかく打つ！

せっかく練習場に来たんだからできるだけ練習しよう！　とひたすら打ち続けるのもNG。打つことだけに集中すると体が力んで自然なスイングができなくなります

次のページからレッスン開始♪

空振りしてしまいます！

これで解決！

「当てよう」としなければ「当たる」！

＊scene

車を運転するとき

車の運転中、前方の一点だけを集中して見ている人はいません。サイドミラーやバックミラー、対向車などに目を配り、常に視野を広く保って全体を見ながら運転しています

キーボードを打つとき

キーボードのタイピングも、慣れるとひとつひとつのキーを見て打つことはしないもの。キーボード全体を視野に入れて、あとは指先が覚えた感覚で打っています

一点ではなく全体を見ている！

意識するのはボールではなくぶら～んスイングの感覚

車の運転もキーボードのタイピングも、どこか一点に意識が集中すると、動きがぎこちなくなってしまうもの。反対に広い視野で全体を見ていると、身についた感覚で自然に体が動きます。ゴルフもそれと同じ。ボールを打つことだけに意識を向けていると、体が固まってぎくしゃくしたスイングになってしまうのです。

空振りが続いたら、ボールから目を離して、まずはぶら～んスイングの感覚を思い出しましょう。ボールは視界の隅に入っているくらいの意識で十分。大切なのは、クラブを「当てる」のではなく、クラブに「当たる」ことなんです。体が覚えたリズムでクラブを揺らせば、ボールは自然と当たるようになってきます。

「見る」意識を捨ててみよう！

ボールを打つことではなく、体の中でぶら〜んのリズムをつくることに意識を向けるのが大切。そのためにはまずボールを「見る」意識を捨ててしまいましょう。１か所をじっと見るより、全体を見るほうが動作のバランスも取りやすいもの。ぼんやり見ているくらいでちょうどいいのです

KEY Point

こんなしくみになっている！

ボールは狙って当てる、ではなくたまたま当たる、が正解

ボールをきちんとコンスタントに打つために、意識して当てようとするのはＮＧ。自然なスイングの軌道上にたまたまボールがある、というイメージで打つのが理想です。

野球やテニスとは違って、ゴルフは止まったボールを打つスポーツ。ぶら〜んスイングを身につければ、クラブの描く軌道もだんだん一定になってきます。あとはクラブがちょうど当たる位置にボールがあればいいだけなんです。

空振りしてしまいます！

実践

お家《うち》編

「見る」のをやめてみましょう

当たらないときは感覚をリセット！

床をこするように振る

目をつむることで体の感覚が敏感になり、動きのリズムがつかみやすくなります

「クラブにおまかせします」の感覚で

スイングの感覚を取り戻すため、お部屋でもイメージトレーニングを！

まずはボールを使わずにカーペットにポンポンと当てる感覚で、クラブを軽く振ってみましょう。カーペットをこすって重さを確かめる感じです。「見る」のではなく意識を「振る」感覚に集中するために目をつむってトライ。

「振る」感覚がわかってきたら、次はボールを置いて、同じ動きをしてみましょう。大切なのは、クラブの重さとボールが当たるタイミングを体で感じること。クラブがボールに当たる瞬間の感覚を、しっかり覚えておいて。

DO Point

見ないほうが見える？

簡単な遊びでチェック「見る」と「動き」の関係

友達に手を前に出して自由に動かしてもらい、それに合わせて自分の手を動かします。まずは相手の手をじっと見ながら動かしてみて。スピードが上がるとなかなかついていけなくなってきます。

次に相手の顔を見て、手は視界の隅に入っているくらいの状態でもう一度。不思議なことに、こっちのほうが動きについていけるはず。このように全体をぼんやり見ることで、体の動きのバランスが取りやすくなるのです。

一点だけ見ていると

追いつかない！

全体を見ていると

あれ？さっきよりましかも！

じっと見すぎないほうが、動きが自然でスムーズに

ボールに当ててみる

アイアンに持ちかえて、クラブの重さを意識しながらボールに当たる感覚をチェック

クラブの重さを感じて

※部屋でボールを打つときは、十分注意して行いましょう

「見ない」ようにするには「あ、ぶら～んと揺れてる」と、意識を体のほうに向けるようにしてみましょう

横
小さい振りでも芯に当たるはず
あー揺れてるなー
コツッ

実践

練習場編

「ボールをとらえる」を実感!

見えないぶん揺れてる感覚が伝わってくる!

目をつむってティ打ち

目をつむって、体が感じるスイングのリズムやクラブの重さに意識を集中してみて

クラブの重みを感じよう!

クラブの重さを体に思い出させる!

自然なスイングは、クラブの重さによって生じる遠心力がうまく利用できている状態。変に力が入っていると、クラブの重さが感じられず、スイングのバランスも崩れがち。そんなときは、目をつむってクラブの重さに意識を集中してみましょう。ヘッドカバーをつけたまま、あるいはクラブを2本持った状態でスイングするのもＯＫ。いつもより重いクラブを持つことで、腕や肩にかかる重さの感覚を取り戻せます。

ぶら～んスイングの感覚が戻ってきたら、ボールを置いて振ってみて。意識しなくても自然と当たるようになるはず!

クラブ2本でスイング

特に体に力が入っているなと感じたら、クラブを2本にして振って、さらに重さを意識してみて

ヘッドカバーをつけてスイング

カバーをつけたままでクラブを振ってみて。ゆるいカバーだと飛んでしまうので注意！

CHECK Point

case 1

お悩み解決の法則！

目をつむって…

重みを感じて…

当たる！

キレイ！
憧《あこが》れちゃう

キレイに打てていいな～

お悩み

case 2

キレイなフォームで打てません！

「正しいフォームは正しい型から」は間違い？

多くのゴルフ教本で、最初に解説されているのがスイングの「型」。アドレスに始まって、テークバック・インパクト・フィニッシュなど、スイングを分解し、それぞれの形ごとに足や頭、腕の位置から角度にいたるまで、こと細かに説明されています。これでは「覚えるだけで大変…」と、ため息が出てしまいそうになりませんか？

そもそもこれらの言葉は、レッスンやスイングの話をするとき、わかりやすいようにつくられたもの。本来、「振り上げて、当てて、振り切る」という一連の動きをわざわざ分解してバラバラに覚えようとするから、かえってフォームがぎくしゃくしてしまうというわけ。意識すべきなのは「型」ではなく一連の「動き」なんです。

ひじが伸びてないよ！

正しい型と違うよ！

原因

NG アドバイス

テークバックのときにはひじを伸ばす、肩と両腕の三角形を崩さないなど、正しいとされている「型」にはめようとする教え魔さんは多いもの。でもキレイなフォームって、本当は型ではなく「流れ」なんです！

NG Point

ダメな原因はコレだったのか…

型を覚えようとする

本や雑誌に写真で図解している型を、ひとつひとつ確認しながら練習していませんか？　動きの中のポイントばかり意識していたら、スムーズなスイングなどできるはずがありません

人の言葉に振り回される

「腰を回して」「手首をひねって」など、教え魔さんの助言に、いちいち従ってしまってませんか？　人の言うとおりに体を動かしていると、自分の感覚がわからなくなってしまいます

人のフォームをまねる

上手な人のキレイなスイングを見ると、ついついまねしてしまいがち。でも、体のバランスや動き方は人それぞれに違うもの。それがあなたの体に合っているかどうかは別問題です

次のページから
キレイに打つ方法を教えるよ♪

キレイに
打てない！

これで解決！

「型」を捨てればキレイに見えます！

ファッションショー

雑誌やポスターなどで常に美しいポーズ（＝型）でキメているモデルさんたち。でもファッションショーで意識するのはウォーキング（＝動き）の美しさです

＊scene

茶道

茶道では「型」は基本ですが、それを覚えるだけでは無意味。全体の流れを意識し、さらに体が自然に動くようになってはじめて道を極めたといわれるものです

ポイントは全体の流れの美しさ！

スイングの極意はなめらかな「動き」！

モデルさんにとって写真撮影とファッションショーでは、体の使い方がまったく違います。撮影で意識する美しさが「静止」したポーズなのに対して、ショーでは、いかに美しく「動く」か。

スイングもそれと同じ。構えてからボールを打つまでの一連の「動き」であるスイングを、ひとつひとつのポーズに分解して覚えようとするのが、そもそもおかしなことなんです。それぞれの「型」がキレイに決まっていても、それが断片的でつながっていなければ、ぎこちなく見えるのは当たり前。美しいフォームというのは「型の美しさ」ではなく、スイングという一連の「動きのなめらかさ」なんです。美しいフォームを身につけるには、まず「型」を捨てることから！

スイングは流れです！

スイングというのは「型」の集合体ではなく、動きの流れ。その動きがその人にとって無理のないなめらかなものなら、キレイに見えるのです

KEY Point

こんなしくみになっている！

クラブの重さに体をまかせる
キレイのしくみはとってもシンプル

まずは正しい型やスイングの基礎といったよけいな情報を頭の中からたたき出し、クラブの重さを感じて自然に振ってみましょう。何度か繰り返していると、重さに合わせて体が自然に動いてくれます。それが「ぶら〜んスイング」の基本。

さらに慣れてくると、体がラクに動くときの感覚がつかめてくるはずです。力の抜けたスイングは、なめらかで美しく見えるんです。

実践

お家《うち》編

自然な流れをつくりましょう

フラダンスで下半身をリラックス

脚の力を抜き、ひざを軽く曲げ、腰を左右に振ります。骨盤をゆる〜く動かすイメージで

体から力を抜いてリラックス！

体に入った無駄な力はキレイなスイングの大敵

型を意識しない自然なスイングを身につけるには、まず体からよけいな力を抜くことが大切。特に女性はスイングをすると下半身に力が入って、ひざを閉じてしまいがち。これでは体重がつま先のほうへかかってしまいます。

そこで、下半身のリラックスに効果的なのがフラダンス。正しい踊り方じゃなくても構いません。骨盤をゆるめる感覚を意識してみましょう。

また、クラブを握る手に力が入りすぎるとスイングが硬くなってしまいます。ワイヤーハンガーを使って、ゆるい力で握る感触をチェック！

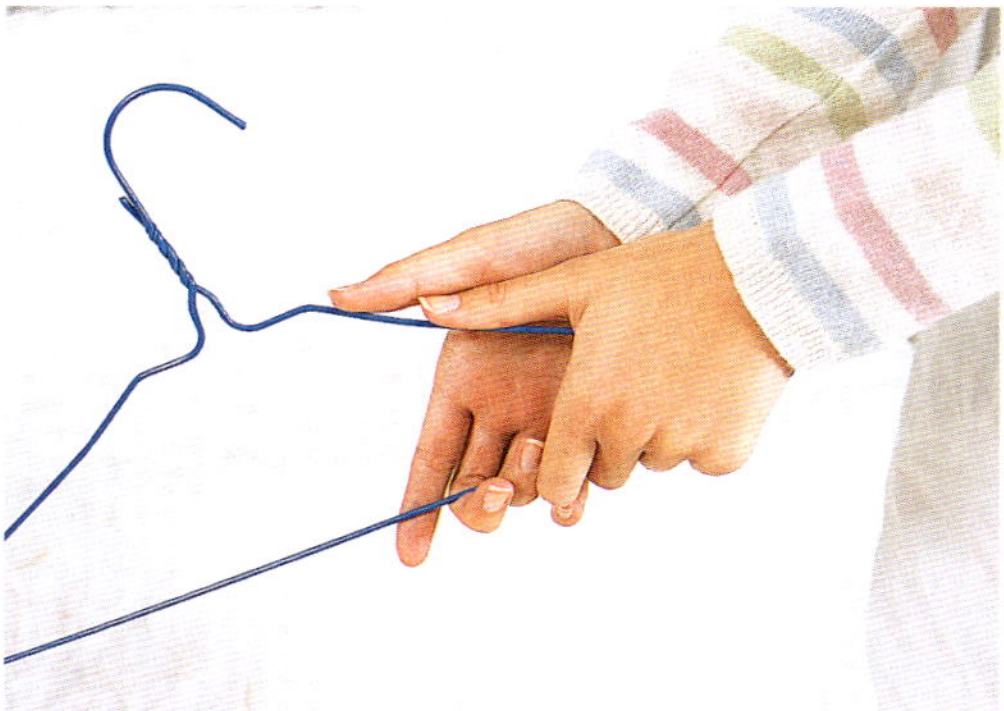

ワイヤーハンガーでグリップ感をつかむ

ワイヤーハンガーを握って力を入れるとハンガーが少しつぶれるのがわかるはず。硬いグリップではわかりにくい、微妙な握力の変化を感じてみましょう

指をかける感覚で握る

基本は下側に中指と薬指をひっかける感覚で。親指は下の２本の指を支える程度の力で十分です。力が親指や人差し指側に入っているときは腕の上、小指側なら下の筋肉が硬くなっているのがわかります

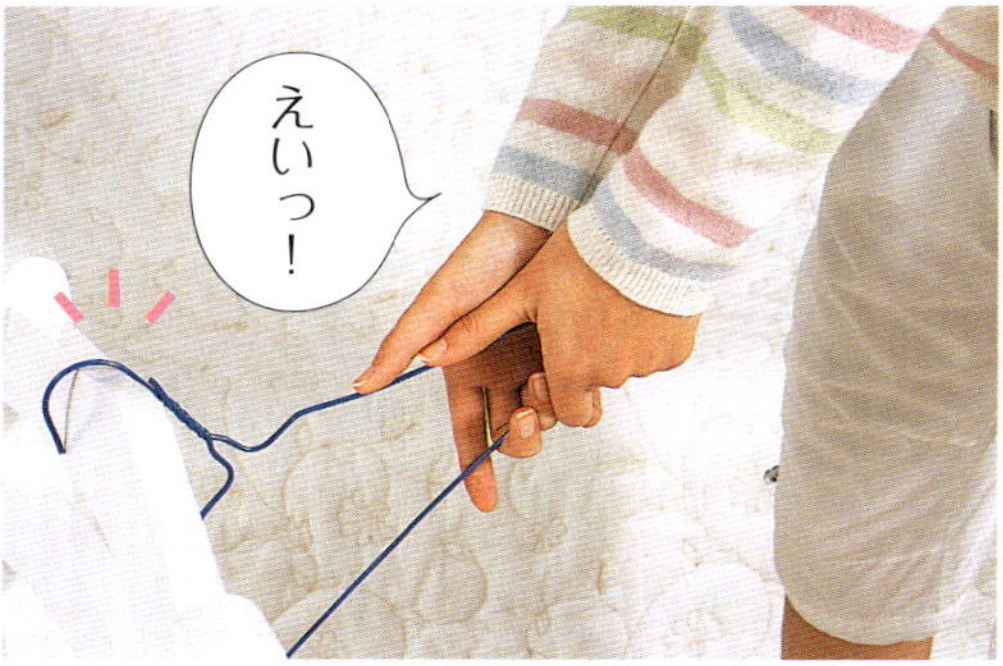

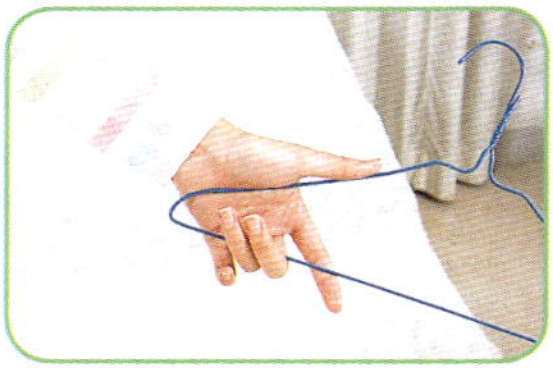

イスにひっかけて引いてみる

ハンガーをイスなどにひっかけて、そのまま引いてみましょう。形をつぶさず手からすっぽりと抜けないくらいが適度な力です

ハンガーを振って握る力をチェック

ハンガーで握り方を覚えたら、今度はそのまま振ってみましょう。ゆるく握った手の感覚を意識して！

キレイに打てない！

実践

練習場編

スイングに身をゆだねましょう

だんだん大きく！
161
159

リズミカルにティ打ち

ティを狙って打つのではなく、ぶら〜んスイングでたまたまティに当たった、という感覚

はじめは小さく…

最初は小さく振って、だんだんスイングを大きくしていきましょう

「考えずに感じる」スイング！

リズムにまかせて 脱・ぎこちないスイング！

カンフーでおなじみのブルース・リーの映画に「Don't think, feel」という有名なセリフがあります。日本語に訳せば「考えるな、感じろ」。自然なスイングも「考えずに感じる」ことが大切。意識してスイングするのではなく、動きに身をゆだねてみると、体に無理のない自然なスイングの感覚がつかめてきます。

まずはボールを置かずにティ打ちをしてみましょう。リズミカルにクラブを振って、その動きに体をまかせてみて。また、姿勢や握り方を安定させることも、自然なスイングをするための重要なポイントです。

押してもらって安定姿勢をチェック

一緒にいる人に、体を前からと後ろから順番に押してもらい、グラつかないかどうかをチェック

その場ジャンプで姿勢を安定

10回打ったらその場で軽くジャンプ。体の力が抜けて、安定した姿勢をキープできます

クラブの持ち方

クラブを握る力は軽〜く。手首には力を入れず、クラブの重みで自然に曲がる感覚でOK

CHECK Point case 2

お悩み解決の法則！

自然なフォーム！　姿勢・握り方を安定させて…　リズムを感じて…

あら？
ポテッ…

ボールがポテッと
落ちてしまうんです…

お悩み case 3 飛距離が伸びないんです！

「飛ばすにはパワーが必要」それって本当？

スイングの基礎が身について、ボールもまっすぐ飛ぶようになってきたら、次に気になるのが飛距離。ボールは飛んでも距離が伸びないと、やっぱり女だからパワー不足が原因かしら、などと思ってしまいがち。「もっと力を入れて」「ちゃんと腰を回して」なんてアドバイスしてくる教え魔さんも多いし…。

でもじつは、飛距離を出すために必要なのはパワーではなく、クラブのヘッドスピード。ボールを力まかせにたたくんじゃなく、クラブがボールに当たるときにヘッドスピードが最速になるようなスイングができればいいということ。力なんて入れなくても、クラブの性能を無駄なく活かしたスイングで、飛距離はちゃんと伸びるんです！

NG アドバイス

力を入れて！

もっと腰を回して！

原因

力まかせにボールを飛ばそうとしたり、無理に腰を回したりすると、体のどこかによけいな力が入ってしまいます。そのあげくスイングが乱れてまっすぐに飛ばすことさえままならない、なんてことにも…

NG Point

ダメな原因はコレだったのか…

とにかくねじる

「腰を回す」は、ゴルフでよく使われる表現ですが、軸がブレて自然なスイングにならないことも。そもそも人間の体は、そんなに大きくはひねれません

手足に頼りすぎる

足を踏ん張ったり、腕に力を込めて思い切り振ったり・・・。「部分」に意識がいくと、大切な「動き」がおろそかになりがち。その結果「ポテッ」になってしまいます

とにかく力で何とかする

「すばやく振ればもっと飛ぶはず」と考えると、グリップを握る手や腕に力が入ってしまいます。体がこわばっていては、クラブの力を引き出す動きができません

大丈夫！ 次のページを読めば おもしろいほど飛ぶよ♪

飛距離が伸びない！

これで解決！

力を抜いたら飛ぶんです！

＊scene

習字のはらい

すっと自然に筆を滑らせる習字のはらい。無駄な力は抜きつつも、筆を持つ手がブレないよう姿勢をしっかり保っています。この、芯が通ったまま力を抜く感覚が大切

ステーキを切る

ナイフを、力を入れてお肉に押しつけるより、すっと引くように動かすほうがうまく切れます

軸はしっかり、でも力は抜いて！

力ではなく、クラブの性能を最大限に活かして飛ばす！

まずは、ブランコを大きくこいだときの感じを思い出してください。力を入れるのは体がいちばん高いところにあるときだけで、その先は重力によって自然にすーっと加速していきますよね。それを繰り返せばブランコの揺れは大きくなり、最下点でのスピードも上がります。

ゴルフのスイングもそれと同じ。大きくクラブを振って、もっともヘッドスピードが上がったところにボールが当たれば、当然、飛距離も伸びますよね。体の軸がブレないようにしっかりと保ち、ヘッドの重さによって生まれる遠心力を利用すれば、無理に力を入れなくてもボールはおもしろいほど飛ぶんです。この感覚がつかめれば、初心者や女性でも簡単に飛距離が伸ばせます！

力を抜いて大きく振ろう！

無駄な力が加わらないぶら〜んスイング。振り幅を大きくしていけば、自然にヘッドスピードが上がり、遠くへ飛ばせます！

KEY Point

こんなしくみになっている！

NG

体の軸がブレていると力がうまく伝わらず、自然なスイングができません

GOOD

体をまっすぐにして自然にクラブを振れば、よけいな力が加わらない理想のスイングに

クラブの重さを利用すれば「よけいな力」がいらないのは当然

ヘッドの重さが生む遠心力をフルに活かせば、無理に力を使わなくても飛距離は伸びるもの。そこで、ブランコをイメージしてスイングしてみましょう。

クラブのヘッドが腰かけ部分、腕とシャフトが鎖部分と想定します。ポイントは体の軸がブレないこと。おへその少し下にある丹田《たんでん》のあたりに力を入れて体をまっすぐに保ち、それ以外の部分は力を抜いて自然にぶら〜ん。このバランスがつかめれば、クラブの力を最大限に引き出せるんです。

飛距離が伸びない！

実践

お家《うち》編

体の軸を安定させましょう

うちわパタパタで丹田を意識する

まずはうちわを小さくパタパタと振ってみましょう。丹田に力が入る感覚を意識して

お腹《なか》に力を入れて体の軸を意識！

身近なものを使って体の中心を意識しよう

　大きくスイングするときに、いちばん大切なのは体の軸がグラつかないこと。たとえばうちわのような軽いものを振ると、体を支えるために、自然とおへそからこぶし一個ぶんくらい下の「丹田」と呼ばれる部分に力が入ります。このときの、体の中心に力が入る感覚を覚えておきましょう。

　また、タオルの先を丸くしばってヘッドがわりにして振ってみるのも、お部屋で簡単にできるフルスイングの練習になります。スイングの途中でタオルがたるまないようテンポよく振れば、大きくクラブを振り切る感覚がつかめます。

大きく振って風圧を意識

慣れてきたら大きく振ってみましょう。うちわが体の正面あたりにきたところで風圧を強く感じるはず。そこがクラブを振ったときにいちばんヘッドスピードが上がるところです

NG

手首を返さない

手首を曲げて風を切るように振ってはダメ。また手首だけでパタパタするのではなく、腕全体を振りましょう

タオルでスイング

まずは小さい振りから始め、だんだん振り幅を大きくしていきましょう。最後は反対の肩に結び目がパシッとぶつかるくらいの勢いで。それが、大きく振り切ってボールを飛ばすときのスイングの感覚です

NG

腕だけで振らない

体全体を使わず、腕の力だけで振ろうとすると体とタオルがうまく連動しません。体とタオルの動きがかみ合わないと、キレイにスイングできずにタオルが首に巻きついてしまいます

飛距離が伸びない！

実践

練習場編

クラブをめいっぱい利用しましょう

軽いものを振る
体が安定しないとちゃんと振れないな～
161
160
159
はじめはゆっくり…

速く振ってみて！
ビュン！

クラブを逆さに持ってシャフト振り

クラブの性能を活かしたスイングをするには、ヘッドの重さを意識することが大切。そこでクラブを逆さに持って、軽さを意識しながらシャフトをゆっくり振ってみましょう。スイングの感覚がつかめてきたらスピードアップ。力まずに、ビュンビュンと音を立てて振ってみたあと、クラブを元に戻してスイングすると、ヘッドの重さがきちんと腕に伝わってきます

ビュンと風を切る音のするところが最速のところ。それが体の正面だったらOK！

DO Point

もっとすばやく振るには？

ちょっとだけ腰を「戻す」

一定の速さで揺れている振り子の玉に、力を少し加えると加速しますよね。原理は同じですが、ゴルフの場合は手の力ではなく「体を正面に戻す」という動きが、速くさせるきっかけになります。クラブを振り上げたとき、体をアドレスの位置に少し戻すとヘッドスピードが上がるのです。

ただあくまでも「戻す」だけ。勢いよく回すのは絶対 NG です。イスに座ったまま横を向いても、体はそんなにひねれませんよね。不自然な動きでは、体をうまく使えません。ぶら〜んスイングに慣れてきたら、この動作に挑戦してみても。

交互に振ってみよう

ヘッドカバーをつけてスイング

子どものころ、水の入ったバケツをぐるぐる振り回しても水がこぼれない！　という遊びをしたことはありませんか？あれがまさに遠心力。腕でバケツを回すのではなく、バケツの重さに腕が引っ張られる感覚です。ヘッドカバーをつけてスイングしてみると、ヘッドの重さに体が持っていかれるはず。それが無駄な力を入れず、クラブの重みでヘッドスピードを上げる感覚なんです

CHECK Point

case 3

お悩み解決の法則！

飛ばす！

ヘッドスピードを上げて…

体の軸を安定させて…

曲がっ
ちゃった!

お悩み case 4

飛ぶ方向がめちゃくちゃなんです

どうしても狙った方向に
飛ばないの…

まっすぐの「つもり」になっていませんか?

ゴルフの特徴のひとつに、ボールを打つとき目標に向かって真横に立つことがあります。正面を向いてまっすぐを確認することはあっても、目標に対してわざわざ真横に立って確認することって、ふだん、ほとんどありませんよね。そのためまっすぐの感覚がつかみにくく、スイング以前に体の向きが間違ってしまうことが多いんです。

さらに、クラブのフェースはひねって傾斜させてあるので、構えたときに狙った方向から少しズレて見えてしまいます。この錯覚に気づかず、フェースを「まっすぐに見える」ほうへ動かしてしまうことで、ボールの方向がズレる場合も…。「まっすぐのつもり」でいることが、狙った方向へ飛ばない最大の原因なんです。

NG アドバイス

目標を近くに定めなさい！

原因

足をボールと平行にすることばかり意識していると、下半身に力が入って硬くなってしまいます。体がしっかり正しい方向を向いていれば、足の位置はどうでもいいんです。クラブは上半身を動かして打つものなので、胸を平行にすることが大事

近くに目標を設定すると、狙いすぎるあまり体がこわばってしまうことも…

さあ、まっすぐ飛ばすレッスン開始よ♪

飛ぶ方向が
めちゃくちゃ！

これで解決！

本当の「まっすぐ」を知ればズレません！

横から見た「まっすぐ」をつかむ！

実験！ 横向きでゴミ箱に紙くずを投げると入る!?

ちょっと離れたところのゴミ箱に紙くずなどを放ってみましょう。まずは普通に正面を向いて、次にゴミ箱に対して真横を向いて。横向きで投げると、まっすぐに投げたつもりでも、思い描いていた軌道とかなりズレてしまいませんか？

このように「目標に対して真横に立ったときのまっすぐ感」は、日常生活で意識しないので、感覚的にもほとんど身についていないのです。ゴルフでボールがまっすぐに飛ばない原因のひとつは、この「横からのまっすぐ」が正しくつかめていないから。目の錯覚などに惑わされ、体の向きがズレてしまうんです。まずはこの「横から見たときのまっすぐの感覚」を体で覚えることから始めましょう。

本当の「まっすぐ」を知ろう！

ボールと体の間のズレは、150 mほど先では誤差の範囲内。右図を見てもわかるように、ほとんど差がないにもかかわらず、その幅を意識しすぎてしまうんです

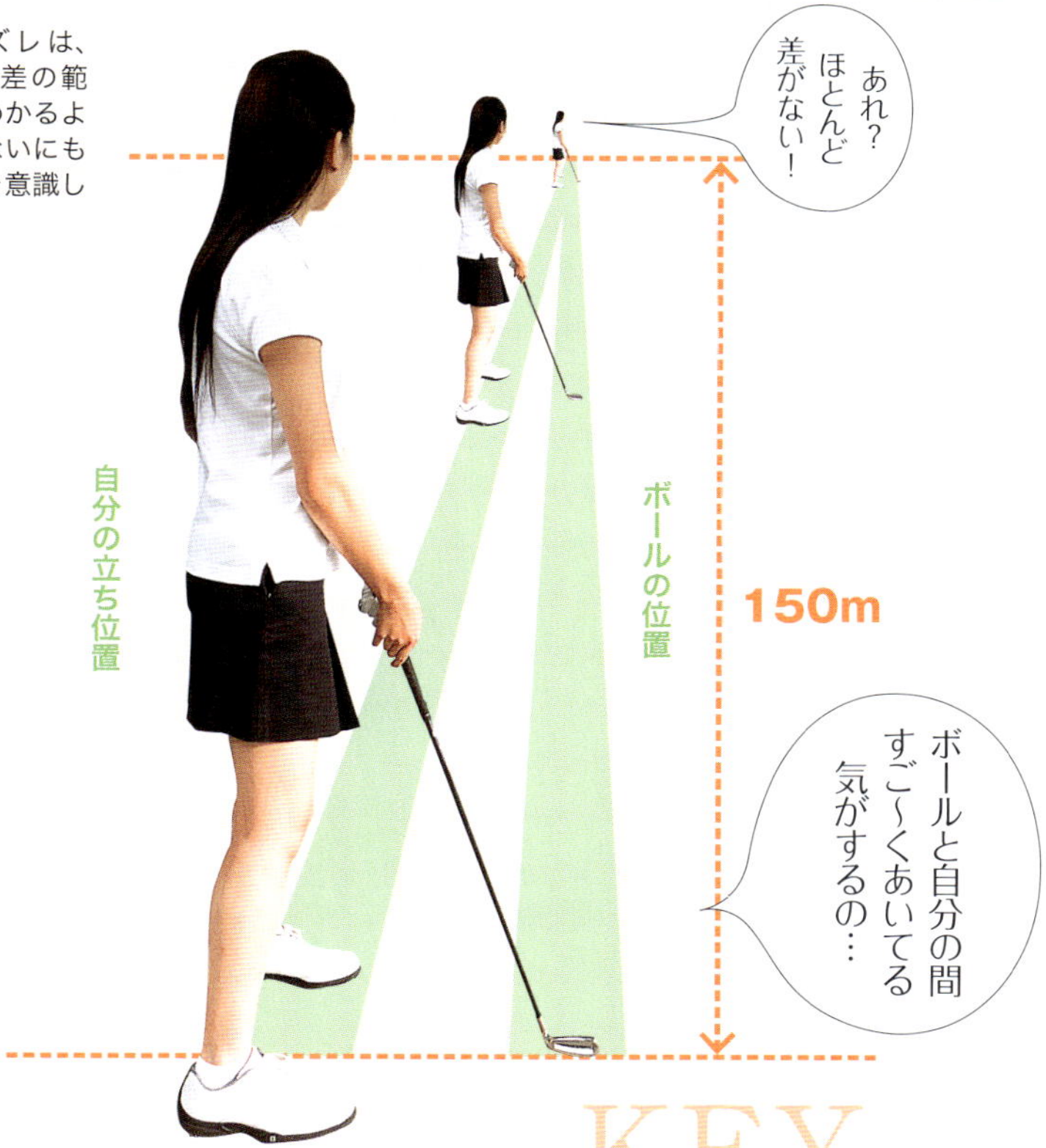

あれ？ほとんど差がない！
自分の立ち位置
ボールの位置
150m
ボールと自分の間すご～くあいてる気がするの…

KEY Point

こんなしくみになっている！

今まで見ていた「まっすぐ」は「ちょっと右」だった！

自分から目標までと、ボールから目標までの線を２本引いてみます。道路の白線や、鉄道の線路など、平行線が続いている場所を思い出してみてください。２本の直線は遠ざかるにつれだんだん狭まって、最後には点になってしまうように見えませんか？

多くの人は、自分の立ち位置とボールの位置の差を気にしすぎているのです。その幅に意識を奪われるため、必要以上に体を右向きに構えてしまいます。その錯覚によって、大きく右に反れた軌道を描いてしまうのです。

体がついつい錯覚に引っ張られてしまわないためにも、体を目標に対して正面になるよう向き直しボールの後ろから方向をチェックするなど、「まっすぐ」を確認しましょう飛ぶ方向がめちゃくちゃ！

実践

お家《うち》編

「まっすぐ」感をつかみましょう！

フローリングの板と平行にパターを振る

ラインに沿って軽くぶら〜んスイング。足よりも胸がラインと平行かどうかを意識して

NG

無理にまっすぐ振らない

「フローリングのラインに沿わなきゃ」と意識しすぎてパターをまっすぐに振らないこと。上から見下ろしたときのクラブの軌道は、ゆるくカーブして見えるのです。これも目の錯覚で、それを正そうとして力を入れると、本来まっすぐだった軌道を逆にカーブさせてしまうことに！

まっすぐのラインを覚えよう！

これ、本当にまっすぐ？横からどう見えるか確認

まっすぐの「つもり」を解消するには、正面から見たまっすぐのラインと、横の見え方の違いを覚えることが大切。

そこで家のフローリングのラインを利用してみましょう。ラインと平行に立って、横から見たときにどう見えるかをチェック。ラインがほんの少し右側（右を向いたら左側）にカーブして見えませんか？　それが横から見たときのまっすぐなんです。

このとき、胸とラインを必ず平行に保つこと。横を見るときに体ごと動いてしまうと、視点がズレるので正しいまっすぐがつかめないのです。

ボールを並べてゴルフでのまっすぐの見え方をつかむ

床にボールを等間隔に並べ、まっすぐ打てたときのボールの軌道を確認。パターを軽く振って「こう振ると、こう飛ぶ」というイメージを頭にインプットします

アイアンで打ったときのボールラインを覚える

アイアンで打つと、ヘッドの角度によってボールが自然に上がります。高さの違うペットボトルやフタなどを利用して、カーブを描くボールの軌道を再現してみましょう。アプローチ（グリーン上にボールを近づけるショット）のレッスンにも有効です

memo

実際に目標物を決めて
打ってみてもOK

飛ぶ方向がめちゃくちゃ！

実践

練習場編

真実のまっすぐ感を身につけて！

クラブを腰のあたりまで下ろすと、フェースがわずかに左下を向いているように見えます

GOOD

胸元でまっすぐに合わせたフェースを下ろすと、ボールに対してフェースが開いて見えます。このままスイングすると右方向に飛びそうに感じますが、それは目の錯覚！

フェースの「まっすぐ」をつかもう！

フェースの見え方にだまされないで！

クラブのヘッドを胸の前まで持ち上げた状態で、フェースの向きを合わせます。クラブをそのまままっすぐ下ろすと、腰のあたりではフェースが少し左下を向いて見え、さらに地面につけると左上方を向いているように見えます。

そこで左ページのNG写真のように、ボールに対してフェースが直角になるように構え直してしまう人がいます。でも、これこそヘッドの角度による目の錯覚。最初の、わずかに左上を向いている状態がフェースの本当の「まっすぐ」です。見た目に左右されず、クラブを自然に下ろした感覚を信じましょう。

まっすぐのラインと平行に胸を合わせる

打席に立ち、目標を決めたらそこに向かって「まっすぐ」のラインと平行に胸を合わせます。大切なのは体幹がラインと平行になっているかどうかなので、足の位置にはそれほどこだわらなくてOK

NG

ボールに対してフェースがまっすぐ「見える」ように、手元を左足に寄せてヘッドを立てて構えてしまう。本当のまっすぐからはズレているので、当然まっすぐ飛びません

まずは正面を向いて目標を確認

打席に立つときは、まず目標に対して正面に立って、まっすぐのラインを確認。それをイメージしてから打席に入りましょう

CHECK Point

case 4

お悩み解決の法則！

まっすぐ飛ぶ！

フェースを合わせ…

まっすぐ感をつかんで…

ヨロヨロ〜

お悩み

case 5

ボールが上がらないんです！

上からたたけ！
たたいても上がらないよ〜
NG アドバイス

フェースの傾きを利用すれば勝手に上がるんです

テニスでボールを上げたいときは、ラケットの面を上方向へ傾けてすくうように打ちますよね。ラケットを使う球技ではこの感覚が当たり前。そのためゴルフでもボールを上げようとして、ついすくい上げるようなスイングになってしまうことがよくあります。

しかしゴルフのクラブは、ボールに当たる面（フェース）が傾いています。それで、重さを利用してストーンと落とせば、その角度が自然にボールを上げてくれるんです。無理に上げようと、右肩を下げぎみにしたり手首をひねったりすると、バランスが崩れて、反対に上がらなくなってしまうわけ。いつもと同じ自然なスイングで、あとはクラブの特性にまかせればいいんです。

ボールが
上がらない！

これで解決！

クラブを活かせば自然に上がります

自然にぶら～んスイング

ボールを上げようと意識すると、ついついすくい打ちになって体の軸がブレてしまいます。よけいな意識を捨てて、自然に打ちましょう

ヘッドスピードとの関係

自然にとはいっても、ヘッドスピードが遅ければ、ボールはなかなか上がらないもの。スピードと上げることは切っても切れない関係です。P.88 ～ 95 の飛距離アップのレッスンも参考にしてみましょう

KEY Point

こんなしくみになっている！

当たればすぐ飛ぶわけじゃない

当たった瞬間、フェースの傾きによってボールにバックスピンがかかり、上へ打ち出されます。クラブは横に力を加えているので、飛ぶ方向は上と横の中間なんです。

実践

練習場編

ブレたら負けよ！足そろえレッスン

両足をそろえてスイング

足をそろえて軽くスイング。体がある程度まで回ると、それ以上は体がひねれなくなります

体の軸をブレさせない！

両足そろえスイングで体のひねりをコントロール

ボールを上げることばかりを意識して打っていると、体の軸がしだいにブレるようになってきます。それは、スイングのときにボールをすくい上げようとするあまり、体をひねるクセがついてしまうから。

そんなときは、両足をそろえてスイングしてみましょう。足を開いたときより体がひねりにくいのがわかるはず。スイングするときの体のひねりは、このくらいで十分なんです。

この練習で、すくい打ちでついてしまった体をねじるクセを消して、体を軽く正面に戻す感覚を取り戻しましょう。

いろいろなクラブの特性は？

①ドライバー

ボールを飛ばすためのウッド。そのなかでもっともヘッドの大きいのが１番のドライバーです。飛距離が出るので、おもにティショットに使います。最近は、あまり力を使わなくても飛ばせるチタン製の、ヘッドの大きいものが主流になっています

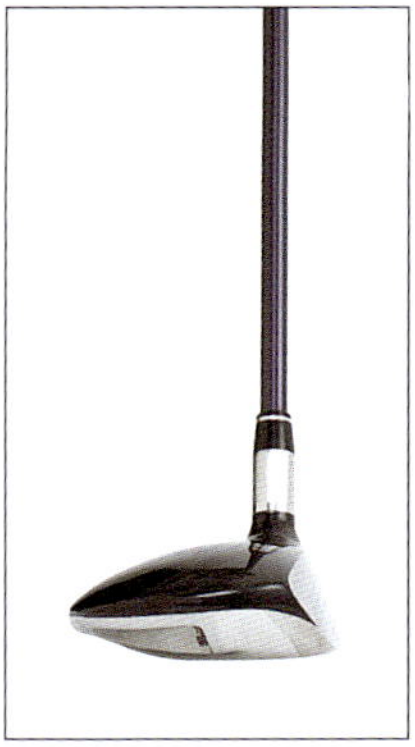

②７番ウッド

ドライバー以外のウッドを、フェアウェイウッドと呼びます。７番ウッドは４番、５番に比べてシャフトが短く、ヘッドも小振り。ドライバーよりフェースの角度が大きいので、ティアップせずに打て、飛距離も出るので初心者にはオススメ

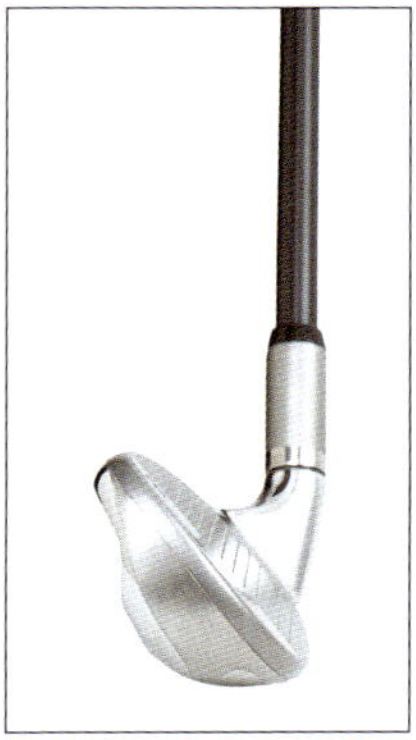

③９番アイアン

飛ばすのではなく、狙ったところにボールを運ぶためのクラブ。なかでももっともシャフトが短く、フェースの傾きが大きいのがこれです。アプローチショットや短い距離を打つときに使います

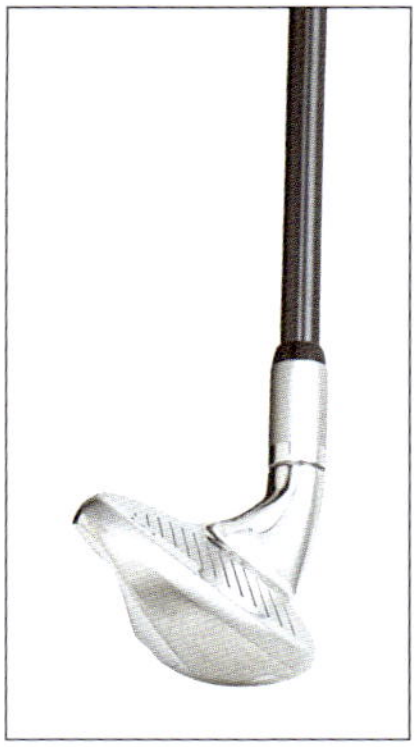

④SW（サンドウエッジ）

バンカーショット用のクラブ。フェースが大きく、シャフトも短くて扱いやすいウエッジのなかで、フェースの傾きも最大。バンカーや深いラフなどに落ちたボールを上げるときに使います

memo

クラブの形を見比べてみる

いろんなクラブを並べてみると、その役割によってヘッドの大きさや角度が違うのがよくわかります。同じスイングでも、これらの違いによってボールの飛び方や飛距離がかわってくるのです

お悩み

case 6

すぐに疲れてしまうんです…

疲れの原因は体力不足？ それとも気持ちの問題？

せっかく練習場に来たのに、すぐに疲れてしまうのは、ふだんの運動不足のせい？　そんなふうに思っている人も多いかもしれません。もちろんそれも原因のひとつでしょう。でも、じつは疲れの原因は、メンタル面にあることも多いのです。

練習場に来ると、「たくさん打たなきゃ」「上手に打たなきゃ」と気負いがち。それが体の力みを生むんです。必要以上に力が入っていると、どうしても体の動きが悪くなります。その結果、スイングがぎこちなくなり、「やっぱりもっと練習しなきゃ」と、さらに気負ってしまい体が力んで…と、どんどんマイナスのスパイラルに。疲れているのは体？　それとも心？　と時々、自分自身に聞いてみましょう。

すぐに
疲れてしまう！

これで解決！

気分転換して脱力時間をつくりましょう

心

音楽を聴く

いったんゴルフのことを頭から追い出すために、自分の好きな音楽を聴くのもいいでしょう。疲れたとき用、気分を盛り上げたいとき用など、オリジナルのプレイリストをつくってみても

体

＊scene

伸びをして体をほぐす

まずはこわばった体をほぐしましょう。体全体で伸びをしたり、屈伸運動をしたり、軽くジャンプしたりするのもオススメ。とにかく体に入った力を抜いてリラックスしましょう

頭と体

ボールでお手玉

リズミカルなお手玉は、硬くなった頭と体の感覚アップになります。何も考えずお手玉に集中していると、頭がスッキリ。肩に入った力も自然と抜けていきます

リラックス 気分転換

練習中に、少しでも疲れたなと感じたら、気軽に休憩しましょう。疲れた体で無理に打っていても、スイングの感覚が身につかないどころか、よけいな力が入って変なクセがついてしまうことも…。疲れたら体を休めて、気分転換することが大切です。

また、練習場ではまわりの人の目が気になって、疲れてしまうこともあります。隣の人がキレイに飛ばしているのを見ても、気にしないこと！　マイペースで堂々と構えていれば、それでOKです

お悩み

case 7

パッティングがうまくいきません！

！
あれ～
ボールの軌道
目指した方向

ラインを読んで！
NG アドバイス

ボールが進むスピードとスイングの感覚を一致させよう

カップに届かなかったり、通りすぎてしまったり、変な方向に転がってしまったり…。簡単に見えて、じつは奥深くて難しいのがパッティング。

うまくいかない最大の理由は、ボールの転がる速さとスイングの振り幅の感覚が合っていないから。つまり「これくらい振ったらこれくらいのスピードが出る」ということさえつかめば、パッティングはぐっと上達するんです。

また、目標地点となるカップが近くにあるため、打った瞬間からついついボールの軌道を目で追ってしまいがち。そうすると体が大きく動いて軸がブレるので、ミスショットになりやすいのです。

目標を確認するときは必ず頭だけを動かして、目の位置がかわらないようにしましょう。

パッティングがうまくいかない！

これで解決！

距離感・方向・速度をつかみましょう

＊scene

ペットボトルにボールを当てる

目標になるペットボトルを床に置き、そこに向かってボールを転がします。このとき腕を正面に向けるのではなく、握手をするときの感覚で腕をそのまま振り出すと、まっすぐ転がります

横を向いてボールを当てる

次に、横向きになって同じようにボールを転がします。ボールのスピードと手の動きのスピード感を覚えましょう。このときの軌道が実際のパッティングのときのボールの見え方です

クラブで打ってみる

実際にパターを使って打ってみます。ボールがまっすぐに転がって進む距離と、どれだけ転がせばその振り幅になるのかの感覚をつかみましょう。イメージと実際の動きのつながりが大切です

ボールが転がる感覚を覚える

パッティングは距離が近いので、普通のショットに比べ目標地点までの誤差が大きくなります。そこで大切なのが、距離感と方向性。「これくらいの力で打つと、これくらいの速度で転がる」という感覚をつかんで、クラブの振り幅を調整していきましょう。

スイングの基本は、普通のショットと同じ「ぶら～んスイング」。スイングの感覚はそのままに、微妙な力加減の変化で、ボールの速度をコントロールするのがポイントです

お悩み

case 8

胸がジャマで打ちにくいんです…

NGアドバイス

正しい「わきの締め方」は体の前ではなく後ろを意識

クラブを構えたときに「わきを締めろ」とよく言われますよね。このとき多くの人は、腕を体の前に回して、腕にギュッと力を入れてしまいがち。でもそうすると女性の場合、腕で胸を挟む感じになってスイングがしにくくなってしまいます。でもじつはこれって「わきを締める」感覚そのものが間違っているから起きることなんです。

みなさんの腕はどこから出ていますか？　そう、体の横ですよね。それをわざわざ前に持ってくると、腕に無理な力が入ってクラブが振りにくくなり、スイングの軌道も乱れてしまいます。

本当に意識するべきなのは背面にある広背筋。この筋肉で、体の横についた腕をそのまま支えるのが「わきを締める」ことなんです。

胸がジャマで打ちにくい！

これで解決！

腕は「体の横から出ている」意識で！

体の前面は気にしない！背中に気持ちを向けてみて

ゴルフの教本には、よく「アドレスのときにできる肩と両腕の三角形を崩さないようにスイングを」と書かれています。それを意識しすぎると、どうしても体の前面に力が入ってしまいがち。その結果、胸が邪魔になってしまうんです。でも体の前面ではなく背面を意識する「正しいわきの締め方」を知れば、そんな必要はないことがわかります。体に無理のないぶら～んスイングなら、胸も邪魔にならないというわけです

＊scene

広背筋を意識！

腕のつけ根から腰までの背中を広く覆っている筋肉が広背筋。腕を、回したり振ったり引いたりする動きに関連しています。この筋肉で体の横についた腕を支えるのが正しい「わきの締め方」

自然な状態で打ってみる

体の横についている腕をそのまま使うイメージでクラブを振ってみましょう。そのとき、背中の筋肉を意識すると、ブランコの柱のように体が安定し、イスと鎖のように腕の力が抜け、スイングがスムーズにできるはずです

わきを締める感覚をつかむ

誰かにクラブを前から引っ張ってもらいましょう。腕がまっすぐになったところで、背中の筋肉に力が入って腕が止まる感覚がわかるはず。これが正しい「わきを締める」感覚です

ゴルフ用語レッスン No.4

今すぐ会話に使えちゃう！

①ヘッドアップに気をつけて
あとは②スロープレーにもね

③100の壁を越えられるように頑張ります！

①ヘッドアップっていうのは**スイングの途中で頭が上がる**こと。
ボールが当たる前に、打つ方向を見てしまって頭が上がること。スイングが乱れて打ち損なうことが多いのよ

へぇ〜

②スロープレーっていうのは**コースでのプレーが遅い**ってこと。
コースではテキパキ動くのがマナー。打つ前に迷ったりダラダラ歩いたりするスロープレーはマナー違反よ

ほぅ

③100の壁っていうのは**スコアが100を切る**ってこと。
初心者がよく目標としてあげるスコアが「100」。スコアが100を切ったら、ある程度ゴルフが上手になってきたってところかな

そっか！

女性限定！
はじめてのゴルフ

Lesson : 5

ゴルフ場の華になる！
憧《あこが》れの
コースデビュー

いよいよコースへ！　といっても、緊張しないで。マナーを守りながら楽しくプレーできれば、最高の気分が味わえるはず。さあ、ステキなデビューを飾りましょう！

コースデビュー…大丈夫かな？

いよいよ私コースデビューなのです！
すっごい気持ちいい〜〜〜！
これが憧れの…♥
泣くなって
でしょ
じゃあさっそく始めよっか！
ゴルフ場は18個のホールでできてるの
まずはティーイングエリアからスタートよ
ティーイングエリア
ウッド
ティを地面にさしてウッドで打つのよね？
プスッ
ティ
よく勉強したじゃない
2打目以降は状況に応じてクラブをかえながらグリーンを目指すのよ
アイアンやパターのことね！
そのとおり！
ちなみにスコアはどう数えたらいいの？
自分で数えるの
ホールごとにそれをメンバーに報告してスコアカードに書くのよ

このレッスンでは…

コースを楽しく回るための
ポイントをお教えします

ゴルフ場はたくさんのホールでできている

memo

クラブハウス

プレーの手続きや着替え、食事などをするところ。コースに着いたらまずクラブハウスのフロントにチェックインします

1コース＝18ホール

ティーイングエリアからホール（カップ）のあるグリーンまでを「ホール」と呼び、ゴルフコースは基本的に18ホールで1コースとしてつくられています。土地の自然を活かしてつくられるため、なだらかなホールや傾斜のきついホールなど、場所によってタイプはさまざまです。1番～9番ホールを「アウトコース」、10番～18番ホールを「インコース」といいます

1 ティーイングエリア

各ホールの１打目を打つ場所。レディース、レギュラー、バックの３種類があります

2 グリーン

各ホールの最終エリア。パッティングのため芝生を特に短く刈ってあります

3 サブグリーン

各ホールにある予備のグリーン。芝の品質維持のため交互に使います

4 ピン

ホールに目印として立てられた旗ざお。ピンフラッグともいいます

5 ホール

グリーン上のボールを入れる穴のこと。カップともいいます

6 フェアウェイ

ティからグリーンまでの間の芝生を短く刈った部分

7 OBエリア

out of bounds の略で、プレー禁止区域。通常、境界線は白杭で表示

8 ブッシュ

コース上にある低木の茂み

9 バンカー

砂の入った窪地

10 グリーンサイドバンカー

グリーンまわりにあるバンカー。ガードバンカーともいいます

11 ペナルティエリア

池、川、沼など水のあるエリア。赤か黄色の杭（くい）で仕切られています

12 ラフ

フェアウェイの外側に配置された芝生の長いエリア

丘あり池あり砂地あり…ホールのしくみを知ろう

ホールの種類とコース

コースを構成するホールは、ティーイングエリアからグリーンまでの距離によって、パー（規定打数）3の「ショートホール」、パー4の「ミドルホール」、パー5の「ロングホール」の3種類にわけられます。18ホールのうち、ミドルホールが10、ショートホールとロングホールが各4ホールずつが基本。ちなみにこれらのホール名は和製英語で、外国ではそのまま「par3」「par4」「par5」と呼びます

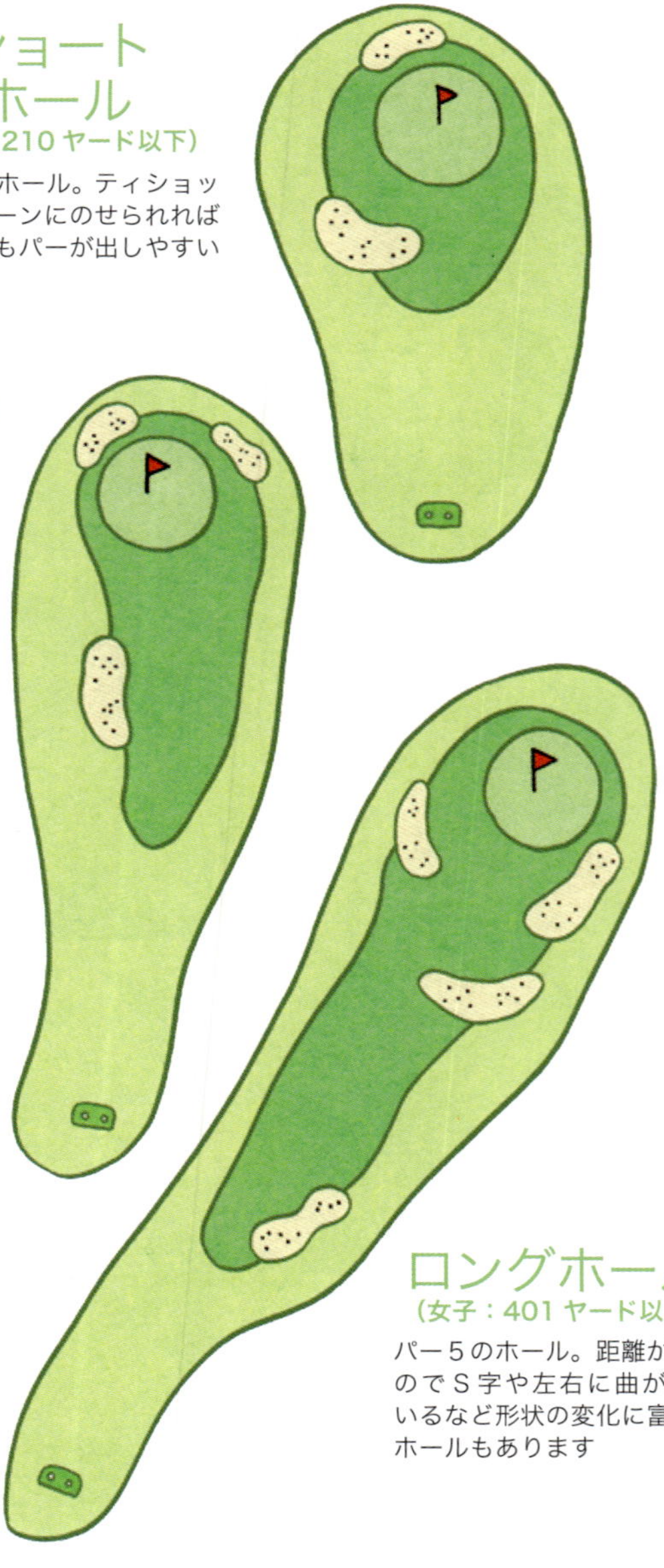

ショートホール
（女子：210ヤード以下）

パー3のホール。ティショットでグリーンにのせられれば初心者でもパーが出しやすいかも

ミドルホール
（女子：211〜400ヤード）

パー4のホール。ホールごとの距離差が激しく、2倍近く違うこともあります

ロングホール
（女子：401ヤード以上）

パー5のホール。距離が長いのでS字や左右に曲がっているなど形状の変化に富んだホールもあります

memo

ヤードって？

ゴルフで使われる長さの単位はヤード（yd）で、1ヤードは約0.9 m。布地の幅を表示するときに使われるので、裁縫をする人には「ヤード幅（約90cm幅）」という言葉になじみがあるかも

スコアの数え方

ゴルフでは、自分のスコアは自分でカウントするもの。それぞれのホールごとに何打で回ったかを数え、最後にトータルの打数を出します。パー（規定打数）よりプラス何打、マイナス何打かによって呼び方があるので、覚えておきましょう

ホールインワン	第１打のティショットが直接カップインすること	
アルバトロス	パーよりマイナス３打で上がること。パー５のホールを２打でホールアウトした場合など。パー４のホールではホールインワンになります	
イーグル	パーよりマイナス２打でホールアウトすること。パー４のホールなら２打で、パー３ではホールインワンになります	−2
バーディー	パーよりマイナス１打でホールアウトすること。パー３のホールなら２打で、パー４なら３打で、パー５なら４打でホールアウトした場合	−1
パー	ホールごとの規定打数ぴったりでホールアウトすること。パー３のホールなら３打で、パー４なら４打で、パー５なら５打でホールアウトした場合	±0
ボギー	パーよりプラス１打でホールアウトすること。パー３のホールなら４打で、パー４なら５打で、パー５なら６打でホールアウトした場合	＋1
ダブルボギー	パーよりプラス２打でホールアウトすること。パー３のホールなら５打で、パー４なら６打で、パー５なら７打でホールアウトした場合	＋2
トリプルボギー	パーよりプラス３打でホールアウトすること。トリプルボギーより打数が多くなったら、オーバーした打数でそのまま＋４、＋５、…とカウントします	＋3

ビギナーは 140 を目指そう！

いつ？誰と？どこに？ゴルフ場に行く予定を立てよう

①ゴルフ場を選ぼう

まずは雑誌やインターネットなどでコースの特徴や難易度、料金を調べ、行ってみたいコースを探しましょう。ゴルフ場には会員制コースと、誰でもプレーできるパブリックコースがあります。会員制のコースでも、メンバー同伴か紹介があればビジターとしてプレーできるところも

②プレーの予約をしよう

ゴルフ場の予約受付は一般に、プレーする日の約１～２か月前から。最近はインターネットでの予約が主流。ゴルフ場のホームページやゴルフのポータルサイトに必要事項を書き込めば、24 時間いつでも申し込めます。電話の場合、営業時間内に電話をかけ、希望するプレー日とスタート時間、人数などを告げ、予約状況を確認して決めていきます

クラブハウスってこんなところ

チェックインから着替え、食事など、ゴルフ場の一日で何度も利用するクラブハウス。マナーを守って、気持ちよく過ごしましょう。マナーといっても、大声を出さない、室内で素振りをしない、汚れた靴で立ち入らないなど、常識的なことを守っていればOK

売店、レストラン、ロッカールームなど設備もととのっているので女性でも快適に過ごせます。ゴルフ場にはたいてい浴場があり、最近は温泉を引いているところも多いので、お風呂セットも忘れずに！　プレー後は汗を流してスッキリしましょう

check　プレーにかかる主な費用の内訳

プレーにかかわるもの	グリーンフィー	コースの使用料。メンバーフィーとビジターフィーがあり、コースによりさまざま。季節、プレースタイル、曜日（平日か休日）によって料金が異なる
	カートフィー	移動用カートを使用するときの費用
	キャディフィー	キャディさんの利用にかかる費用
	ゴルフ場利用税	コースプレーにかかる地方税
	ロッカーフィー	貸しロッカーの料金（グリーンフィーに含まれる場合も）
	諸経費	光熱費、福利厚生費、道路改修費、振興基金など
移動や輸送など	交通費	電車代やタクシー代、車ならガソリン代や高速代、駐車代など
	飲食代	食事代や売店での飲み物代など
	宅配便代	電車で行くときに、クラブセットをゴルフ場や自宅に送る場合

コースデビュー目前。用意は万全に！

帽子（サンバイザー）
日焼けや日射病防止のための、帽子やサンバイザーは必需品！

サングラス
紫外線は目からも入ってくるもの。UV カットのものを選んで

ウエア
動きやすくマナーを守った格好。一緒に行く相手や気候によってチョイスを

グローブ
手になじんだものを。日焼けが気になるときは両手用を準備

ソックス
靴ズレしないよう専用の厚手のものを

シューズ
ソフトスパイクシューズがオススメ。履き慣れていて疲れにくいものを

クラブ
最大 14 本まで使えるが、まずは慣れたものが 5～6 本あれば十分

キャディバッグ
到着したときにスタッフが預かってくれるのでネームタグをつけるのを忘れずに

ヘッドカバー
クラブを持ち運ぶとき、ヘッドが傷つかないようしっかりガード

ウエア、アイテムのクレジットは P.159

check

コースの持ち物チェックリスト

道具

- [ ] クラブ一式
- [ ] ヘッドカバー
- [ ] キャディバッグ
- [ ] ボール
- [ ] ボールケース
- [ ] ティ
- [ ] ティマーカー
- [ ] カウンター

ウエア・小物

- [ ] グローブ
- [ ] シューズ
- [ ] 帽子
- [ ] サンバイザー
- [ ] サングラス
- [ ] 着替え
- [ ] レインウエア
- [ ] 傘
- [ ] タオル
- [ ] 携帯用カイロ

スキンケア

- [ ] 日焼け止め
- [ ] ばんそうこう
- [ ] 化粧品
- [ ] お風呂セット

その他

- [ ] 筆記用具
- [ ] カード
- [ ] 現金

あると便利！

飲み物の入ったペットボトルや、アメなどのおやつを持って行くと疲労回復になるかも

スキンケア用品

UV 対策はもちろん、ケガをしたときのためのばんそうこうなども

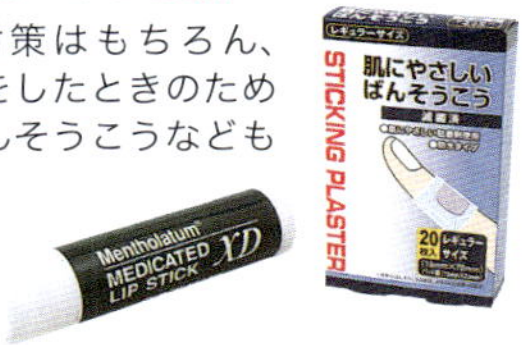

ハンドタオル

汗をふくものだけでなく、クラブやボール用タオルも別に用意を！

ボール
ボールケース

ボールの数は、個人差はありますが 10 個くらいあると安心でしょう。ボールをポケットに入れたくなければ、ボールケースもオススメ

スコアカウンター

プレーに慣れるまではこれがあると打数の数え間違いが防げ、便利で安心

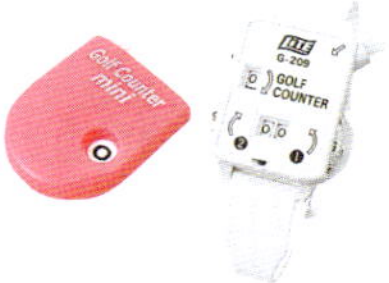

バッグ

ウエアやシューズを入れるバッグは軽くて大きめのものが使いやすい

ポーチ

コース上で必要になる最低限のものを入れて

ティ・ティマーカー

ティは 10 本ほど持って行こう。マーカーは帽子のツバにつけて

スキンケアもこれでバッチリ！

万全のスキンケア対策でプレーに集中！

自然の中を歩いてプレーするのがゴルフの魅力。とはいえ、お肌にとっては日焼けや虫さされなど過酷な環境です。「日焼けしちゃいそう～」「虫にさされた！」など、プレーに関係ないところで集中力が途切れてしまっては本末転倒。

よけいな心配をせずにゴルフを楽しむためにも、スキンケアは万全に！

お肌のガードはしっかり！

コース上では常に日射しの中を歩きます。帽子やサングラスなども忘れず、紫外線をカット

memo

ヘアスタイル

ロングヘアの人はポニーテールでひとつにまとめるなど、プレーの邪魔にならないスッキリした髪形がオススメ

紫外線

日焼け止めはＵＶ効果の高いものを。お風呂で使えるよう日焼け止め用のクレンジングも持って行きましょう

Kanebo
Sunproguard
UU
SPF
103

日射し

サンバイザーは必須！　意外なことに眼球も日焼けするので、サングラスもあるといいでしょう。晴雨兼用の傘もオススメ

PEARLYGAT

adidas

memo

月別紫外線照射量

温暖な４～９月は、紫外線量も多いですが、冬場も意外とあなどれません。リセットするのが難しい日焼け。予防はしっかりと！

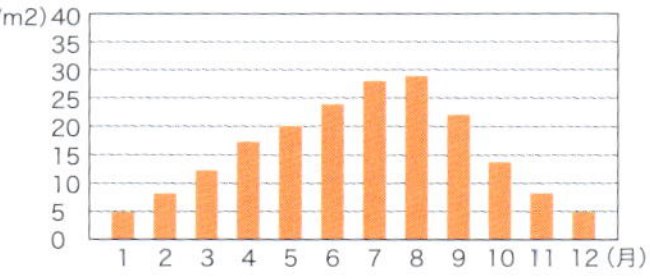
(KJ/m2)
40
35
30
25
20
15
10
5
0
1 2 3 4 5 6 7 8 9 10 11 12 (月)

(日積算値の月平均 単位 KJ/m2 気象庁データより作成)

乾燥

日射しが強いと唇もカサカサに。UVカットのリップクリームもオススメ

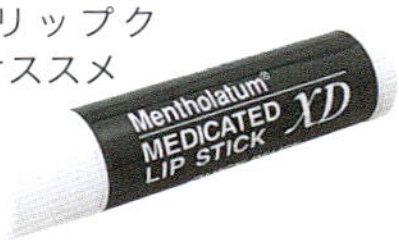
Mentholatum
MEDICATED XD
LIP STICK

虫

自然いっぱいのコースに出る前には、虫よけスプレーでお肌をガード

傷

突然のケガや靴ズレにも使えるすぐれもの。ばんそうこうは必須です

汗

こまめにふけるよう、ハンドタオルも忘れずに

POLO BEAR

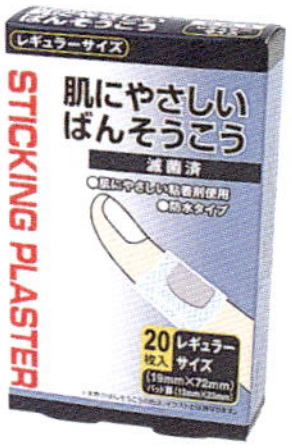
肌にやさしい
ばんそうこう
STICKING PLASTER

スキンガード
虫よけ

これで
カンペキ！

ＵＶ対策はオールシーズン！

日射しをさえぎるもののないゴルフ場の紫外線は、想像以上に強烈です。しかもその中で長時間プレーするのですから、たとえ曇天や冬場でも紫外線対策は万全に。リゾート用などＵＶカット効果の高いものを使い、お昼の休憩時には日焼け止めをしっかり塗り直しましょう

日焼け止めを塗り忘れやすいのはココ！

①耳の後ろ
②うなじ
③背中(トップスとボトムのすき間)
④手の甲

覚えておきたい！ コースでのマナー①

基本

manner 1 時間に遅れない

時間厳守は基本中の基本です。少なくともスタート時間の30分前にはゴルフ場に到着しておき、10分前にはティーイングエリアに到着しておきましょう。プロのトーナメントでは5分の遅刻で失格になります

manner 2 打つ人の邪魔をしない

大声でおしゃべりするなど、プレーに集中しているほかの人の迷惑になる行為はマナー違反。打つ人がアドレスに入ったら、静かに見守りましょう。また、ライン上に影が落ちるとパッティングの妨げになるので、夏場は特に注意

manner 3 禁煙

タバコは指定の場所で吸うようにしましょう。屋外とはいえ、基本的にコース上は禁煙。喫煙はティーイングエリアだけとしているところが多いようなのできちんと確認しましょう

manner 4 スロープレーに注意

自分の打順が来てクラブの選択に迷ったり、グズグズとラインを考えたりするなどのスロープレーは避けましょう。コースでは多くの人が限られた時間の中で楽しみます。常に次のグループを待たせていないか気を配りましょう

ケータイでおしゃべりなんてもってのほか！

グリーンで

manner 1 走らない

グリーン上で走ると芝にスパイクの跡がつき、ボールが転がるラインを傷つけてしまうことも。プレーヤーはプレー前にラインを直せません。ゴルフは紳士淑女のスポーツ。たとえあせったり興奮したりしても、動きだけは「ゆっくり」を心がけて

manner 2 スパイクシューズを引きずらない

グリーン上でシューズを引きずって歩くと、スパイクの跡がつくだけでなく、芝をいためる原因にもなるので厳禁！ 自然の偉大さに感謝するのもゴルフの醍醐《だいご》味。グリーンは絶対に傷つけないよう、常に気を配るのがマナーです

manner 3 ラインを踏まない

パッティングライン上を歩くと微妙な窪みが出来、まっすぐ転がらなくなります。もちろんスコアにも影響します。グリーンに入る前には、ほかのプレーヤーのパッティングラインをチェックし、踏まないよう気をつけましょう

manner 4 ボールマークを直す

ボールがグリーン上に落ちたときにできる芝生の窪みをボールマークといい、必ず直すのがマナー。ボールマークはグリーン・フォークという、名前どおり小さなフォークのような道具で、芝を寄せて直します

manner 5 サブグリーンに入ったら外に出す

打球がその日は使われていない予備のサブグリーンに入ってしまったら、芝をいためないよう、そのまま打たずに、ボールをいったん外側へドロップしてからプレーを続けます

覚えておきたい！コースでのマナー②

バンカーで

manner 1 低いところから入る

バンカーへは、土手が低くなっているところから入るようにしましょう。高い急斜面に足を踏み入れると、土手の砂が崩れ、芝をいためる原因になります。また、角度があって歩きにくいので危険です

manner 2 ならして出る

バンカーショットのあとは、ショットの跡や自分の足跡などをならしてから外へ出ましょう。レーキと呼ばれる道具がバンカーの周辺に置いてあるので、それを使ってキレイにし、使い終わったらバンカーまわりにきちんと戻します

危険行為

manner 1 人の近くでクラブを振らない

思い切り振ったクラブが人に当たってしまったら…。それは大変な事故になりかねません。スイングするときは、周囲に人がいないかどうかを必ず確認してから振るようにしましょう

manner 2 打つ人の前に出ない

打つ人の前や後ろに出ると、ボールやクラブに当たるおそれがあり危険です。またスイング中に人の姿が視界に入ると、気になって集中できません。いくらほかの人のスイングを見たくても、正面に立って見るのはマナー違反です

manner

3 打ち込み禁止

前の組の人たちに打球が当たってしまうおそれがあるときは、危険なので打つのを控えます。次のホールに前のグループがまだ残っていれば静かに待ち、危険防止のため、その人たちが十分離れてから打つようにします

memo

おっと、これはルール違反！

バンカー

＊バンカー内で素振りをしてクラブが砂に触れた（2打罰）

グリーン

＊マークしないでボールを拾った（※1打罰）

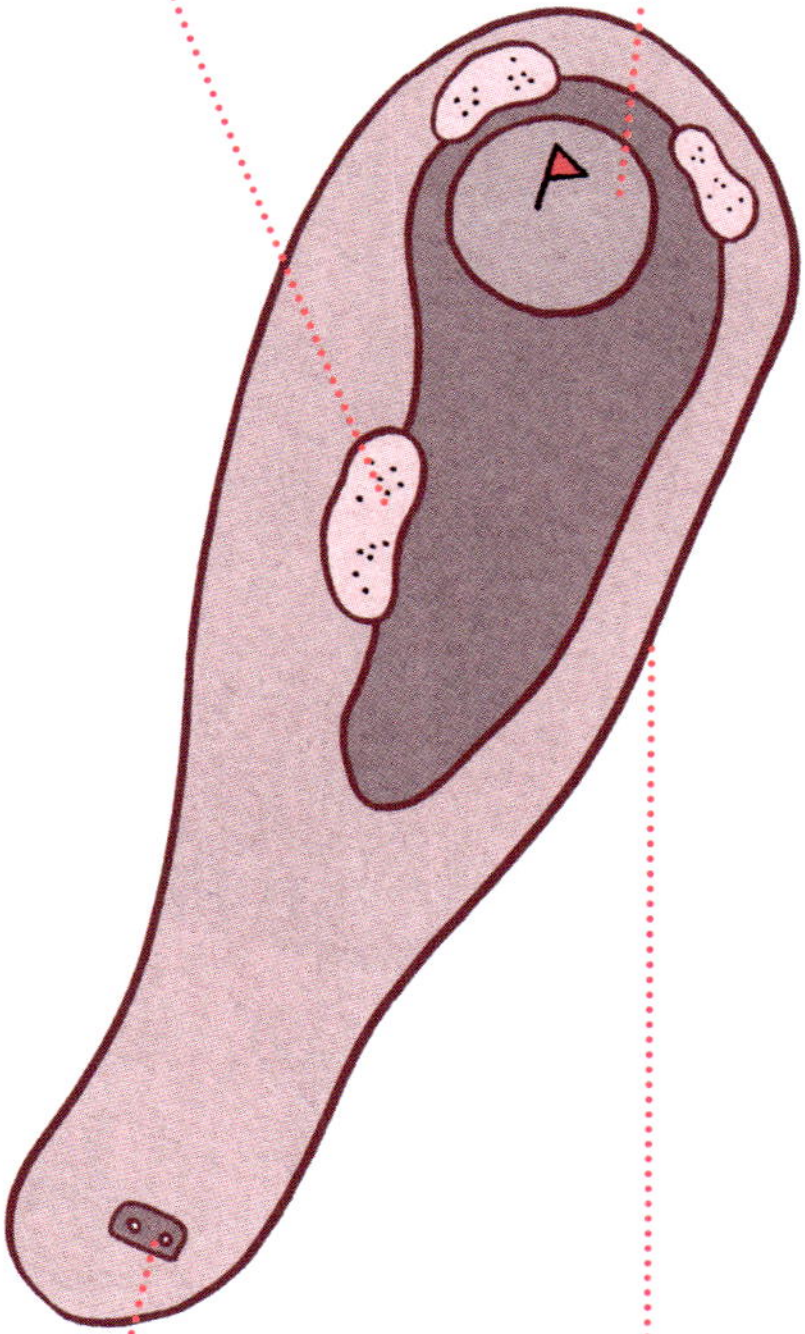

ティーイングエリア

＊同伴者に何番のクラブで打ったかたずねた（1打罰）
＊ティマーカーの位置を変えた（失格）

フェアウェイ・ラフ

＊泥のついたボールを拾ってふいた（1打罰）
＊人のボールを打ってしまった（2打罰）

ローカルルールって何？

コースによって設けられる独自のルールです。通常、スコアカードの裏に書かれているので確認しておきましょう

※1打罰とは、スコアに1打ぶんプラスされるというペナルティ。2打罰だと2打ぶんということです

コースデビュー前にショートコースで練習

まずはショートコースでコースの雰囲気を疑似体験

いきなりコースデビューするのが心配という人は、手はじめにショートコースを回ってみましょう。ショートコースは、通常のゴルフコースの半分、9ホールのコンパクトなコース。各ホールの距離も短く設定されていて、ほとんどのホールがパー3です。本コースに比べて敷居が低いので、初心者はもちろん、シニアやファミリーなどの利用者が多いのも特徴です。

ビギナーにとっては、芝の上で打つ練習ができることに加えて、コースを回る雰囲気を体験できるのもショートコースの魅力。そこでヤード数の感覚や自分がどれくらい飛ばせるか、などを確認しておけば、はじめてのコースで緊張してガチガチになってしまうのは防げるかも。

いきなりコースデビューは、やっぱりちょっと心配…

ショートコースで度胸をつけておきましょ！

池やバンカーもあるので実践練習にはもってこい

ショートコースはホール数が少なく、それぞれの距離が短いだけで、そのほかのつくりはほとんど本コースと同じ。ティグラウンドにグリーン、ピンフラッグはもちろん、本格的なショートコースでは池やバンカーなども本コースと同じように設置されています。

まずはティショットからアプローチ、パッティングというプレーの流れを体験してみましょう。

値段も手ごろで気軽に行きやすい

ショートコースの利用料は、1ラウンドでだいたい3000〜4000円程度と、本コースに比べてかなりお手ごろ価格。回り放題の料金プランや平日割引などを設定しているところも多いので、コースデビュー前に限らず、こまめに練習に通うのもいいでしょう。

またコースによっては2人で回れるところもあるので、カップルや友人同伴でも楽しめます。

どんな種類があるの？

●独立型

最初からショートコースとして設計されたコース。コースのつくりが多彩でラウンドしていて飽きないところが多いといわれています

●練習場に併設

この場合ショートコースでのレッスンが受けられるところも

●コースに併設

普通のゴルフコースに併設されているショートコースは、芝などの手入れが行き届いていて、設備も充実しているところが多いようです

ここに気をつけて！

●カートはないところが多い

ショートコースはカートのないところがほとんどなので、基本的にクラブは自分で持って回ります

●使えないクラブもある

「ウッドやユーティリティはダメ」、「アイアンも5番より短いもの」というように使えるクラブが限定されているところが多いので、行く前に確認を

●服装はカジュアルでOK

ある程度ラフな服装で行っても構いません。靴もスニーカーでOK

ゴルフ場の楽しい一日！

1 クラブハウスに到着

ゴルフ場に着いたら、まずはクラブハウスへ向かいます。エントランスでスタッフが迎えてくれるので、キャディバッグを預けましょう

2 フロントへ

クラブハウス内のフロントで受付。所定の用紙に住所・氏名などを記入して、スタート時間を確認し、カードとロッカーキーを受け取ります

3 貴重品は貴重品 BOX に

クラブハウスやコース内での食事や買い物はロッカーキーの番号とサインで精算できます。現金やカードは館内の貴重品 BOX に預けましょう

4 ウエアに着替えよう

ロッカールームでゴルフウエアに着替えます。荷物はフロントで受け取った指定の番号のロッカーへ

5 練習場へ

スタート前に時間の余裕があれば、練習場で軽く体を慣らしておきましょう。各クラブで数球打つくらいで十分です

6 マスター室へ

クラブハウスからコースへ向かう出口付近にあるマスター室で、スコアカードと筆記用具・ティマーカー・グリーンフォークなどを入手

7 さあスタート!

スタート時間の10分前には最初のホールのティーイングエリア付近に集合。一緒にラウンドするメンバーにあいさつをして、いよいよスタート!

スタートはティショット

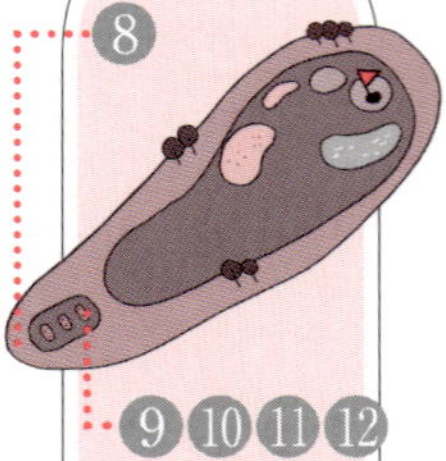
8
9
10
11
12

8 まずはごあいさつ

こちらこそ どうぞ よろしく
よろしく お願いします

一日のプレーはあいさつでスタート

ゴルフは通常４人一組でプレーします。スタート時間になったら、集まったメンバーであいさつをかわしてから始めましょう。コースに持って行けるクラブは14本までなので、スタート前に本数を確認して

9 ボールを確かめる

同じボールがないかチェックします

自分が使うボールを見せ合って、同じボールがないか確認します。もしかぶっていたら、プレー中に誰のボールか見わけがつくように、一方が銘柄をかえるか、ペンなどで印をつけておきましょう

PEARLYGATES

10 打つ順番を決める

あっ オナーだ
シホが 最初に 打つのね

ティショットの順番はくじ引きで決めます

最初のホールのティーイングエリア脇には、ティショットを打つ順番を決めるくじ引きが置いてあります。自分が引いた棒についた線の数が打順。２ホール目以降は、前のホールでスコアのよかった人から順に打ちます

START

ティアップ 11

芝生にティをさして ボールをセット

ティの位置を確認し、打つ場所を決めます。そしてボールをのせたティを人差し指と中指で挟むように持ってそのまま地面に突きさします。ティの高さは、ボールの半分から３分の１がヘッドの下に入るくらいが目安です。ティに印がついているものを選ぶと、どこまで深くさせばいいかわかり、ティの高さを一定にできます

ティショット 12

いよいよ第１打 思い切ってスイング！

まずはボールの後ろに立って、打つ方向を正面から確認します。だいたいの目標地点を決めたら軽く素振りをし、前の組のプレーヤーが十分離れていることを確認してから、ファーストショット！

*Point

チェック！

- 初心者の女性はグリーンにいちばん近いレディースティからのスタートがオススメ
- レディースティは、ほかのティよりもグリーン寄りの位置にあるので、ほかの人たちが打ち終わってからにします

ティーイングエリアでのマナー

- ティーイングエリアに上がるのは一人ずつ順番に
- 人が近くにいる場合もあるので、素振りするときは注意！
- 打ったあと、ティを回収するのを忘れずに

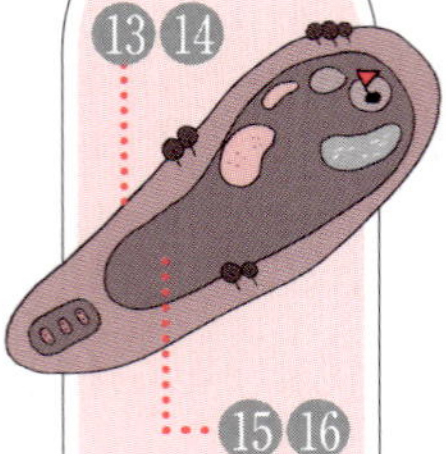
13
14
15
16

フェアウェイで、先を目指そう

13 カートで移動

レッツゴー!

カートは慣れた人が運転するか、自動で

全員がティショットを打ち終わったら、フェアウェイへ移動します。カートにのる場合、運転は慣れた人にまかせましょう。自動運転の場合はリモコンのスイッチを押すだけでいいので、初心者でも安心

14 クラブを選ぶ

使いそうなクラブを選びます

自分のボールが落ちた位置がカートから近いかどうかはわからないので、次打点への移動の際は、使いそうなクラブを何本か選んで持って行きます。念のため、予備のボールも２～３個は持ち歩くこと

どれにしようかな?

15 移動のときも姿勢よく

GOOD
NG

歩き方や動作にも気をつかって！

よけいな時間をかけないためにも、移動のときは大股で姿勢よくサッサッと歩きましょう。ダラダラと格好の悪い姿勢で歩くのはNG。フォームだけではなく、歩き方や身のこなしのひとつひとつも美しく振る舞うのがゴルフというスポーツです！

16 フェアウェイショット

残りの距離と打つ方向をしっかりチェック

まずはグリーンまでの距離とそこまでの障害物などをよく見て、打つ方向を決めます。まだ距離があるようならフェアウェイウッドなどで飛ばし、一気にグリーンが狙える場合はアイアンで正確にのせていきましょう

memo

ライって何？

ボールのある地面の状況を「ライ」と呼びます。芝の長短や傾斜の大小などコンディションはさまざま。第2打からはティアップできないので、まずはライを確認し、適したクラブを選ぶことが大切です。ライがよければフェアウェイウッドやユーティリティなどで飛ばし、ライが悪いときは、自分が使いやすいアイアンでていねいに打ちましょう

*Point

チェック！

- 第２打以降は、ボールの位置がグリーンにいちばん遠い人から打ちます
- ボールが見つからないときはロストボールとなり、前のショットを打った場所に戻って１打罰でプレー続行

フェアウェイでのマナー

- ボールを捜す時間は３分まで。それ以上かかるときはほかのプレーヤーに先に打ってもらいます

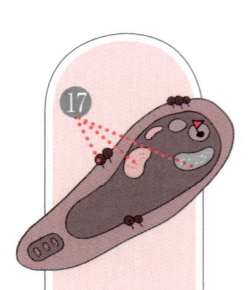

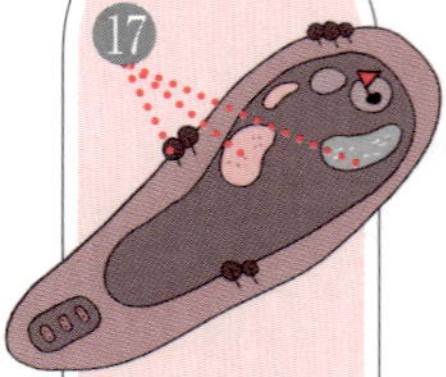

バンカーや池に入ってもあせらない

17 いろいろな障害物

池越えやバンカーは楽しむくらいの気持ちで

ショットのあとは、自分のボールがどこへ飛んでいったか、きちんと見ておきましょう。バンカーやペナルティエリアなどにボールが落ちても、あわてたり落ち込んだりせず、これもいい練習と考えて気楽にいきましょう。また、バンカーショットのあとは、次のプレーヤーのためにレーキでボールの跡や足跡をならすのを忘れずに

バンカー

スプーンで砂をすくう感覚でショット！

バンカーショット用の SW（サンドウエッジ）は、後ろがスプーンのように丸くなっています。その形を利用して、スプーンで砂をすくうような感覚で打ってみましょう。ボールを狙うというより、砂を飛ばす意識で打つとうまくいきます

NG

土手の砂が崩れて芝がいたむので、バンカーには高い斜面から入らないこと！

ペナルティエリア

規定の位置で膝の高さからボールを落として

池や川などにボールが入ってしまったら、１打加算して、規定のドロップ地点から打ち直します。池や川の後方にボールがドロップできない場合を「レッドペナルティエリア」といい、通常のペナルティエリアとはドロップ位置が異なるので注意が必要

*Point

チェック！

- バンカー内ではショット前のアドレスやテークバックのとき、クラブが砂に触ると２打罰
- ドロップするときは片手でボールを持ち膝の高さから落とします

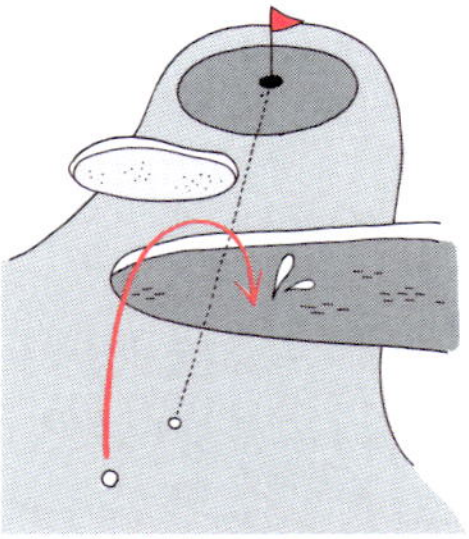

ペナルティエリア

最後にボールを打った場所か、池や川に入った地点とホールを結んだライン上のハザード後方のどちらかにドロップして打ち直します

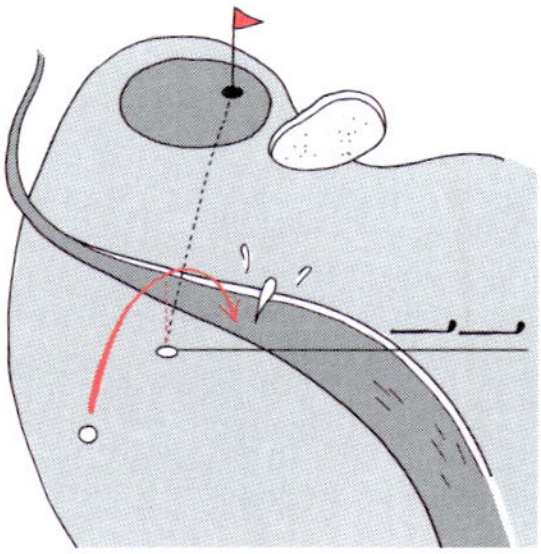

レッドペナルティエリア

元の場所か、池や川に入った地点からホールに近づかない２クラブレングス（クラブ２本ぶんの長さ）以内のエリアにドロップ

林もOBも抜けて進もう！

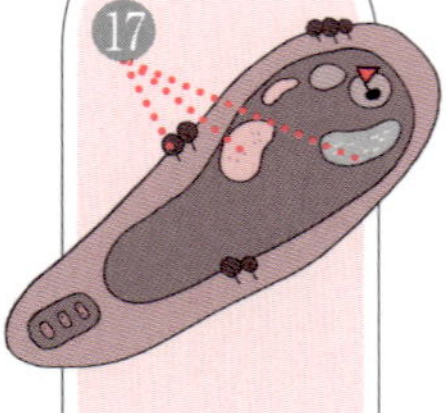
17

林

「飛ばそう」じゃなくて「抜けよう」ね

コンパクトに振ってまずは脱出！

林に入ってしまった場合は、脱出を最優先に考えましょう。クラブを短めに持ち、コンパクトなショットでまずはボールを広いスペースに出します。木の根にボールが挟まっていたり、ブッシュにボールが入ってしまって打てなかったりする場合は、ショットが不可能なときにする「アンプレアブル」を宣言します

*Point

チェック！

- アンプレアブルの場合、１打罰で前に打った地点かボールとピンを結んだライン上の後方、あるいは２クラブレングス以内でピンに近づかない場所のどこかにドロップして再プレー
- ドロップボールが体に当たったり２クラブレングス以上転がったりした場合、また元の位置よりピンに近づいた場合は再ドロップ

ラフ

埋まってます…

ラフの状況に合わせてクラブを選択

浅めのラフでボールが浮いているときはフェアウェイウッドなどで、横から芝を刈るような感覚で飛ばします。深いラフに沈んでいるときはショートアイアンを使い、とりあえずボールを出すことに集中しましょう

負けないぞ〜！

OB

OBになる
フェアウェイ側

OBにならない
フェアウェイ側

OBはアウトオブバウンズの略で、コース外側のプレー禁止地域のこと。隣接した白い杭を結んだラインの外側です

OBしたらクラブと目標を再確認！

OBになったら、1打罰で打ち直し。前に打った地点にドロップして、もう一度打ちます。バンカーからOBした場合は、バンカーにドロップしますが、その前にレーキでバンカーをならしてもOK。またOBの再ショットではクラブをかえることもできます

いざ、グリーンへのアプローチ！

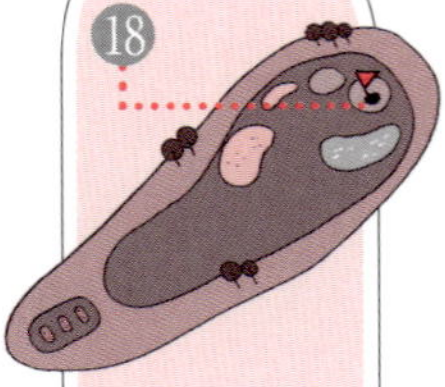

18 アプローチショット

あの旗を狙ってグリーンにオン！

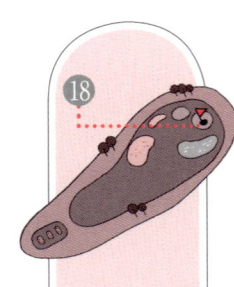

グリーン周辺からピンを狙ってホールに近づけるアプローチ。ピンまでの距離やコースの状況などを見て、適したアプローチショットを選びましょう。できるだけピンの近くに寄せておけば、パッティングがラクになります

memo

3種類のアプローチショット

慣れてきたら、ボールをコントロール！

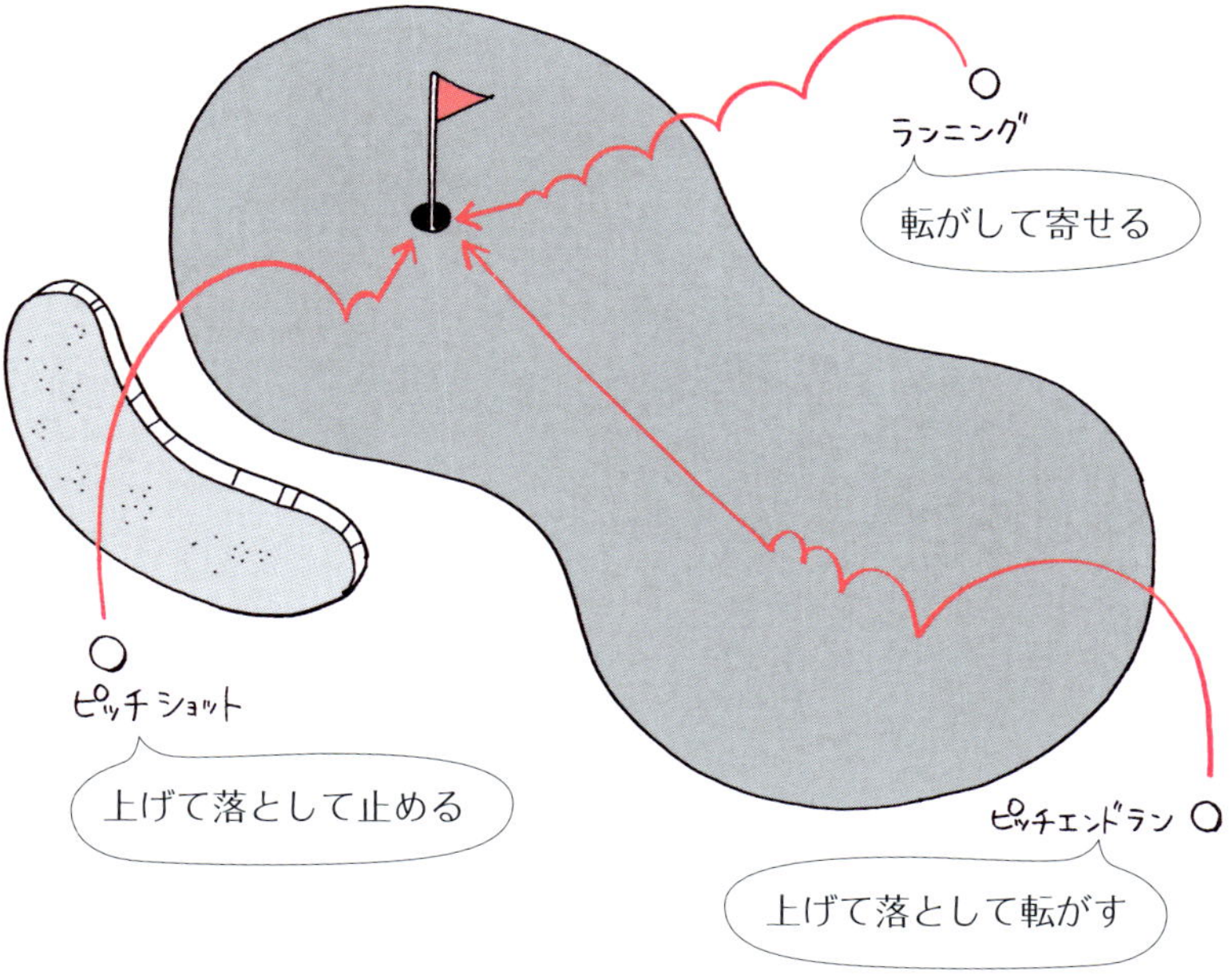

ピッチショット

ボールを高く上げてピン近くに直接落として止めるアプローチ方法。ピンまでの距離が近くて、手前にバンカーなどの障害物がある場合に使います

ピッチエンドラン

ボールをやや高めに上げてグリーンに落とし、ピンまで転がすアプローチ方法。グリーンまで距離がある場合に使います。ボールを落とす位置の見極めが重要！

ランニング

ボールを転がしてカップに寄せるアプローチ方法。ボールとピンの間が平らで障害物がない場合に使います。打つときの感覚はパターと同じです

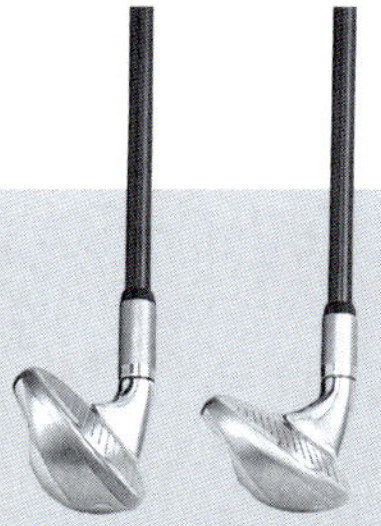

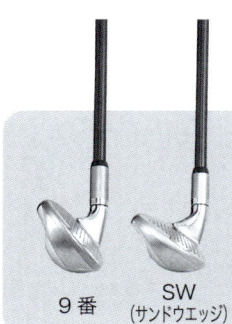

9番　SW（サンドウエッジ）

アプローチショットのクラブ選び

アプローチショットの種類によって、適したクラブを選ぶことも大事。一般的に、ランニングアプローチは7～9番アイアン、ピッチエンドランは9番アイアンかPW（ピッチングウエッジ）、ピッチショットはPWかSW（サンドウエッジ）が向いているといわれています

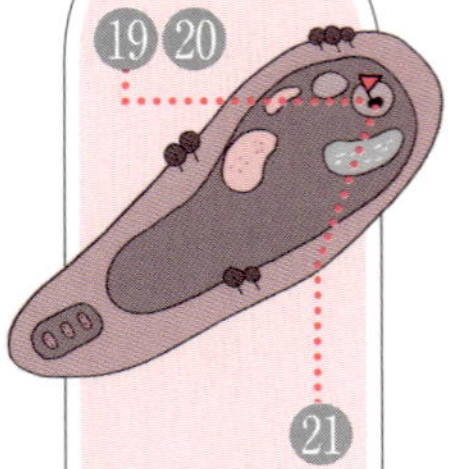

19 ボールをマークする

ボールを拾う

ホールとボールを結ぶパッティングライン上、ボールの後ろにマーカーを置いて拾います

ボールを戻す

ホール側になるマーカーの前にボールを戻して、マーカーを取り去ります

ボールの位置をマークしてピックアップ

グリーン上に全員のボールがのったら、ほかの人のパッティングの邪魔にならないよう、ボールマーカーやコインなどで位置をきちんとマークしてから、いったんボールを拾います

memo

ボールマーカー

芝生にさして使うピンタイプのものや、マグネット式で帽子のつばに挟んでおけるクリップマーカーなど、ボールマーカーにはいろいろな種類があります。女性向きに凝ったデザインのものも多いので、お気に入りを見つけてみては？

*Point

チェック！

- グリーン上を歩くときは、全員のボールとピンを結ぶパッティングラインを踏まない
- マークをせずにボールを拾うのは反則。１打罰です
- 手やクラブでグリーン上をこするのも反則。２打罰です
- ピックアップしたボールの泥や汚れはふいてもOK

グリーンでのマナー

- パッティングラインに影がかかるとパットが打ちにくいので、立ち位置には配慮して
- グリーン上は静かに歩きましょう
- 自分の打順が回ってきてからどう打つか考えていると時間がかかるので、事前にチェックを

20 パッティング

横から見たまっすぐと距離感を意識

まずはボールの後ろに立って、正面からカップまでの距離を目測し、クラブの振り幅をイメージ。次に、パッティングラインと平行に立って、横から見たまっすぐの感覚と距離感がイメージできたら、ゆっくりていねいに転がしましょう

21 カップイン！

ボールとパターのラインをそろえて、ナイスショット！

ボールを戻すとき、ボール表面の文字などをパッティングラインと平行に置き、さらにパターのラインと合わせて打つと、まっすぐ転がりやすくなります。カップインしたら、すぐにボールを拾って、ホールから離れましょう

ラウンド終了！お疲れさま

ハーフ休憩

前半の９ホールを終えてハーフ休憩。クラブハウス内で昼食を取ったあと、後半のラウンドへ

22 マスター報告

無事に終了！

全ホールを回り終わったら、マスター室に終了を報告します

23 シューズの汚れを落とす

靴底をキレイにして室内へ

クラブハウスに戻るときは、エアガンで靴底についた芝生や泥を落としてから入りましょう

24 バスルーム

最後にお風呂でリラックス

ロッカールームに戻ったら、お風呂で一日の疲れを取りましょう！　アメニティなどの備え付けがあるところも

25 フロント会計

会計をすませて帰りましょう

帰りの準備が整ったらフロントへロッカーキーを戻して、プレーフィーや食事代などをまとめて精算

FINISH

memo

スコアカードのつけ方

グリーンに出たら、スコアをつけてみましょう。自分の打数が確認できて、「スコアを伸ばす」という楽しみも増えます。

例

COMPETITION　　　DATA　.　.

①HOLE	1	2	3	4	5	6	7	8	9	OUT
②HDCP	11	3	15	1	7	5	13	9	17	
③BACK	540	415	219	503	383	450	210	417	418	3555
④REGULAR	512	401	202	479	355	431	171	383	290	3224
⑤FRONT	482	368	156	440	320	384	131	345	356	2982
⑥PAR	5	4	3	5	4	4	3	4	4	36

PLAYER　　　BIRTHDAY　.　.

10	11	12	13	14	15	16	17	18	IN	⑦TOTAL	HDCP	NET⑧
6	4	14	10	8	18	16	12	2				
388	451	583	245	442	376	193	517	443	3638	7193		
349	422	519	212	417	358	177	486	364	3304	6528		
319	386	472	171	388	328	155	455	348	3022	6004		
4	4	5	3	4	4	3	5	4	36	72		

① HOLE（ホールナンバー）
ゴルフ場のホールのナンバーです。1～9ホールをOUT（アウト）、10～18ホールをIN（イン）といいます

② HDCP（ハンディキャップ）
ホールの難易度を示す数字です。数字が小さいほど、難しいホールであることを示します。個人のハンディキャップとは異なります

③ BACK（バック　ティ）
レギュラーティより後ろにあるティのことです。距離をヤードで表しています

④ REGULAR（レギュラー　ティ）
一般のプレーに使われるティのことです。距離をヤードで表しています

⑤ FRONT（フロント　ティ）
前のほうにある距離の短いコース用のティのことです。距離をヤードで表しています

⑥ PAR（パー）
ホールごとに決まっている基準打数のことです

⑦ TOTAL（トータル）
アウトの打数とインの打数を足した合計です

⑧ NET（ネット）
1ラウンドのトータルの打数から自分のハンディキャップを差し引いた数です。通常、順位はこの数で決まります

スコアカードのつけ方

スコアカードを受け取ったら、日付と自分の名前を書きます。ゴルフは通常4人一組でプレーするので、スコアカードには4人ぶんの欄があり、同伴者のスコアも記入できるようになっています。そこに自分と同伴者の名前を書き、ホールが終わるごとにスコアを記入します。破線（……）の右側にはパット数を書きます。すべてのホールを回ったら合計を出し、自分のハンディを引いた数を記します

ゴルフ用語レッスン

今すぐ会話に使えちゃう！

No.5

あの①ドッグレッグは難関だね
②ショートカットも難しい

うまく③寄せワンできればいいんですけどね～

①ドッグレッグっていうのは**極端に曲がってるホール**のこと。
犬の足みたいにくねっと曲がっているホールを「ドッグレッグ」っていうの。まずはじめにどうやって打っていくか考えるのが大切よ

へぇ～

②ショートカットっていうのは**ドッグレッグで近道する**ってこと。
曲がったコースをそのまま進まずに、池や木のあるコーナーを越えて最短距離を進むこと。上級者じゃないと難しいわね

ほぅ

③寄せワンっていうのは**ピンに寄せてから1パットで入れる**こと。
アプローチでボールを一度ピンに寄せて、そこから1パットでホールインすること。英語では「up and down」っていうのよ

そっか！

女性限定！
はじめてのゴルフ

Lesson：6

いざというときに役立つ！ゴルフ基礎知識

練習場やコースに出る機会が増えると、知りたいこと、聞きたいことも多くなりますよね。よくある「？」にお答えします。

何でもQ&A

Q クラブが自分にぴったりかどうかわからなくて…

A クラブの良し悪しや、自分に合うか合わないかというのは、経験を積んでいくうちにわかってくるもの。基本的に女性用のクラブを選んでいれば、それほど問題はないはずです。上がらない、飛ばないといった問題点の原因がクラブにあることはまれ。ただし力がある人にはクラブが軽すぎたり、背の高い人には短すぎたりして合わないことはあるので、そういう場合は注意

Q 練習場で打っていたら手が痛くなりました…

A 練習場のマットで打っていると、クラブは床に当たります。コースのように地面が芝生だと、土が衝撃を吸収してくれますが、マットの下が硬い床だと打ったときの衝撃をすべて自分の体で受けてしまうので、ひじや手首をいためてしまう女性は多いようです。手が痛いと感じたら、ティの上にボールをのせて打つ練習がオススメ。くれぐれも無理をしないように

Q 運動不足ですがいきなり打っても大丈夫？

A ゴルフに限らず、運動不足の人が急に体を動かすのは危険です。いきなり打ち始めると腰などをいためかねないので、しっかり準備運動をして体をほぐしてから打ち始めましょう。はじめのうちはゆっくりとしたペースで打つようにしてください。ゴルフはひたすら数を打てばうまくなる、というものではないので、体調に合わせて自分のペースをつかみましょう

Q 教えてくれる人の言うことがわかりません…

A 練習場にいる“教え魔”には要注意！　女性がせっかく始めたゴルフをやめる原因には、人からあれこれと言われるのがイヤ！　という理由がとても多いんです。わからないうちにいろいろアドバイスされても、よけい混乱するもの。わからないときは、わからないとハッキリ伝えましょう。相手がゴルフに詳しい人でも、正直にそう言いましょう

Q 練習場で特に注意することはありますか？

A 打席から出るとき、隣の打席の後ろを斜めに横切ると、隣の人のクラブに当たることがあります。これは危険なので要注意。それを除けば練習場で特に「失敗」はないので、リラックスして練習すればいいんです。ただ、練習場ではまわりの人を意識してしまいがち。そこはあくまでも自分のペースで！　教え魔さんの言葉にも惑わされないようにしましょう

Q 練習場のお得な利用の仕方ってありますか？

A 練習場も土・日・祝日は料金が高くなるところが多いので、平日を利用するとお得です。また、たいていの練習場では、制限時間内ボール数無制限の打ち放題システムがあるので、たくさん打ちたいときにはオススメです。練習場によっては、チャージ式のプリペイドカードを導入していて、入金額によっていくらかの特典がつくところもあるので、要チェックです

Q なるべく安い料金で回るコツは？

A 狙いめは平日や、皆が最初の９ホールを終わってからスタートする薄暮（はくぼ）プレー。これなら4000～5000円で回れます。女性の場合はレディースデーや、ゴルフ場で企画しているレディースコンペもお得です。またキャディさんの有無で平均2000～3000円は違ってきます。ただし、初心者だけで回るときはお願いしたほうがいいでしょう。慣れてきたらセルフプレーで節約を！

Q ゴルフ場でのランチはおいしい？　手ごろ？

A ゴルフ場によって、力を入れているところとそうでないところがあります。最近はホームページが充実しているゴルフ場も多いので、レストランだけでなくロッカールームや大浴場などの設備についても事前にネットで確認して、選ぶポイントにしても。レディースランチなど、女性限定の特別なメニューを用意しているところもありますよ

Q 女性だけのラウンドで注意することは？

A 女性どうしで行くときは、スロープレーに注意。上級者がいない女性だけのグループのときはキャディさんをつけて、できるだけサクサク回るように心がけましょう。ゴルフ場には、まだまだ男性が多いので、女性どうしで行くとどうしても「何をもたもたしてるんだ…」と思われがち。楽しくプレーするためには、ちょっと早めに回るよう意識してみて

Q 練習しても、なかなかうまくなりません…

A 練習量には個人差があるので、なかなか上達しないといっても一概に練習不足とはいえません。また、ただひたすら打っていてもうまくなるものでもないので、上手な人に教えてもらってもいいですね。でもその際は、一気にたくさんのことを教わらず、ちょっとずつ身につけていきましょう。またスクールに入ってみるのもオススメです

Q コースに出るどれくらい前に着けばいい？

A 遅くてもスタートの１時間前にはゴルフ場に着いているようにしましょう。到着してからも着替えなどの準備時間が必要なので、直前だと慌ただしいですし、その結果、スタートに遅刻するなんてもってのほか。早めに来てお茶でも飲んで、軽く練習してから、スタートの10分前にはティーイングエリアに到着しておきます。時間の面でも余裕をもって優雅に行動しましょう

Q コースを回るときの時間配分は？

A ９ホールを、だいたい２時間15分くらいで回るのが標準です。パー４のホールは平均15分。パー３がだいたい10分で、パー５で20分が目安です。基本的に９ホールは、パー４が５つとパー３が２つとパー５が２つという構成になっているところが多い様子。１ホール15分程度で回れるように心がけましょう

困ったときのゴルフルール事典

エリア	状況	説明	罰打
ティーイングエリア	ライ（ボール周辺の状況）を改善した	ティショットはプレー開始前なので、ティーイングエリアの地面をならしてもライの改善にはあたらない	0打罰
ティーイングエリア	スイング前の素振りやアドレスでティからボールが落ちた	プレー開始前なので、偶然ボールがクラブに当たって落ちてもペナルティにはならない	0打罰
ティーイングエリア	ミスショットでティマーカーの側にボールが落ちた	ティマーカーがボールを打つのに邪魔なときは、動かせる障害物として移動させることができる	0打罰
ティーイングエリア	打つ順番を間違えた	ペナルティはなしで、そのままプレーを続ける	0打罰
ティーイングエリア	空振りでティからボールが落ちた	スイングしたことでプレーは開始されているので、ティへのせ直すとインプレーのボールを拾ったことになる	1打罰
ティーイングエリア	ティショット（第１打）がＯＢになった	1打罰が加えられ、第3打として再度ティショットを打つ	1打罰
ティーイングエリア	ティマーカーから離れた場所からショットした	ティーイングエリア外でショットをしたらペナルティが科せられる	2打罰
ジェネラルエリア	ドロップボールが自分の足に当たった	ペナルティはなしで、もう一度ドロップし直す。そのまま打ってしまったら2打罰	0打罰
ジェネラルエリア	打ったボールが同伴競技者の携帯品に当たった	同伴競技者のバッグは局外者なのでペナルティはなし。ボールが落ちた位置から再プレー	0打罰
ジェネラルエリア	ひび割れたボールを別のボールと交換した	プレー中に生じた傷ならいつでもボールを交換できる	0打罰
ジェネラルエリア	ラウンド中に自分のボールか確認した	同伴競技者にその旨を告げて、ボールの位置をマークすれば調べてもいい	0打罰
ジェネラルエリア	カートの道路上にボールが止まった	動かせない障害物からの救済措置が受けられるので、ペナルティはなし	0打罰
ジェネラルエリア	スイングしたクラブが当たって木の枝が折れてしまった	意図的でなければペナルティはなし	0打罰
ジェネラルエリア	池やＯＢの位置を人に教えた	池の種類やＯＢの位置は「公知の事実」なので、ペナルティはなし	0打罰
ジェネラルエリア	素振りをしたら、クラブヘッドが触れてボールが転がった	打つ意思がないので、ペナルティはなし	0打罰
ジェネラルエリア	ラフで気づかずに自分のボールを蹴った	元の場所にボールを戻して打ち直す	0打罰
ジェネラルエリア	打ったボールが跳ね返って自分や自分の携帯品に当たった	元の位置に戻して再プレー	0打罰
ジェネラルエリア	ボールが木にひっかかった	アンプレアブルを宣言。木を揺らしてボールを落とすと1打罰が加えられる	1打罰
ジェネラルエリア	アドレス後にボールが動いたがそのまま打った	動いていることがわかっているボールを打つと2打罰だが、アドレス後に動いた場合は１打罰	1打罰
ジェネラルエリア	セカンドショットがＯＢになった	ボールを打った場所の近くで、ホールに近づかないところにドロップしてプレーを続ける	1打罰
ジェネラルエリア	スイングに邪魔な木の枝を折った	意図的にスイングの区域を改善したことになり、2打罰となる	2打罰
ジェネラルエリア	間違えて人のボールを打ってしまった	2打罰のペナルティが加えられ、正しい自分のボールを打ち直す。誤って打たれたプレーヤーには罰はない	2打罰
ジェネラルエリア	打つ前にボールのすぐ後ろを踏みつけた	ライの改善、あるいはスイング区域の改善にあたり、ペナルティとなる	2打罰

グリーン	風でボールが動いた	そのままの状態でプレーを続ける	0打罰
	パッティングライン上の落ち葉を取り除いた	落ち葉や木の枝など、動かせる障害物は取り除いてもいい	0打罰
	ボールが見つからずに打ち直したらホールインワンしていた	ホールインワンした時点でプレー終了なので、その後のペナルティはカウントされない	0打罰
	マークをしないでボールを拾った	プレー中のボールを拾うときは必ずマークしなければならないので、1打罰	1打罰
	アドレスのときにパターが当たってボールが動いた	わざとではなくてもプレー中のボールを打ったことになるので、ペナルティに加えてリプレース	1打罰
ペナルティエリア	ペナルティエリア表示杭の隣にボールが止まった	障害物として表示杭を抜き、プレーを続ける	0打罰
	ペナルティエリアの浅瀬でボールが動いている	ペナルティなしで、そのままショットできる。ただしボールが落ち着くまで待つなど、時間をかけるとペナルティ	0打罰
	ボールが川に落ちてOBに流された	そのままの状態でプレーを続けるので、OBとしてカウントし、元の位置にドロップしてプレーを続ける	1打罰
バンカー	バンカー内にあったレーキを動かしたらボールも動いてしまった	動かせる障害物としてカウントされるのでペナルティはなしで、元の場所にリプレース	0打罰
	スタンス（足の位置を決める）しているときにボールが動いた	バンカー内ではスタンスをとった時点でアドレスをしたと考えるので、アドレス後にボールが動いたことになる	1打罰
	打ったボールがまたクラブに当たってしまった	二度打ちとしてペナルティが加えられる	1打罰
	バンカー内で間違えて人のボールを打ってしまった	2打罰のペナルティが加えられ、正しい自分のボールを打ち直す。誤って打たれたプレーヤーに罰はない	2打罰
	バンカー内の砂をクラブでたたく	「バンカー内の地面には、クラブやそのほかの物で触れてはいけない」というルールに違反したことになる	2打罰
	バンカー内で素振りをした	砂に触れた場合は2打罰。ただし砂に触れていなかった場合は罰なし。また、バンカーショットが成功したあとなら構わない	2打罰
その他	キャディさんにアドバイスしてもらった	自分のキャディさんは自分と同一と考えられるので、ペナルティはなし	0打罰
	ラウンド中に同伴競技者からボールを借りてプレーした	ボールやグローブなどの貸し借りは禁じられていない	0打罰
	ラウンド中に同伴競技者へアドバイスした	「公知の事実」以外のアドバイスにあたるので、アドバイスを要求したほうも2打罰のペナルティ。使用クラブを聞いたり教えたりすることもこの反則にあたる	2打罰
	クラブを忘れたので取りに戻ってプレーを遅らせた	プレーを不当に遅らせたことに対してペナルティが科せられる	2打罰
	ラウンド中に後続組から打ち込まれたボールを打ち返した	紳士的な行為ではないとしてペナルティが科せられる	2打罰
	ゴルフクラブの本数がコースに持ち込める上限を超えていた	超過した本数にかかわらず、1ホールにつき2打罰、1ラウンドにつき最高で4打罰のペナルティ	2~4打罰
	ラウンド中に同伴競技者のクラブを借りた	人のクラブを借りると、1ホールにつき2打罰、1ラウンドにつき最高で4打罰のペナルティ	2~4打罰
	実際より少ないスコアを申告した	意図的な場合はもちろん、誤記でも競技失格	失格
	スタート時間に遅れた	正当な理由がないかぎり、競技失格	失格

※ゴルフのルールは４年に一度見直しが図られます。細かな変更も数年ごとにあるので、ラウンド前に最新ルールをご確認ください

困ったときのゴルフ用語解説

ア	アイアン	ヘッドがチタンやステンレスなどの金属製のクラブの総称
	アウトオブバウンズ	OBのこと（out of bounds）。コース外のプレー禁止区域を指す
	アウトコース	ゴルフコース全18ホールの前半、1～9番ホールの総称
	アドレス	ボールを打つための構え。クラブのソールを地面につけた時点でアドレスしたことになる
	アプローチ	グリーン周辺からホールを狙って打つショット。チップショットともいう
	誤球	間違ったボールを打つこと
	インコース	ゴルフコース全18ホールの後半、10～18番ホールの総称
	インパクト	クラブのフェースがボールに当たる瞬間のこと
	インプレー	競技中のこと。ティショットを打ってからホールアウトするまでを指す
	ウッド	ヘッドの大きなクラブの総称。主にティショットで使用する
	オープンフェース	クラブフェースが目標に対して右を向いている（開いている）こと
	オナー	ティショットを最初に打てる人。前ホールでもっともスコアがよかった人が権利を得る
	オン	グリーンにボールがのること。オングリーンの略称
カ	カジュアルウォーター	雨などにより、一時的にコース内にできる水たまりのこと
	カップ	各ホールのフィニッシュ地点になるグリーン上にあけられた穴。正式名称は「ホール」
	グラスバンカー	伸びた芝で覆われた窪地
	グリーン	カップ（ホール）まわりの芝生が短く刈られたエリア。正式名称は「パッティンググリーン」
	グリーンフィー	コース使用料のこと
	グリーンフォーク	落ちたボールによってできた、グリーンのへこみを直すための小さなフォーク
	クロスバンカー	フェアウェイを横切る形のバンカー
	高麗グリーン	高麗芝でつくられたグリーンのこと。ボールの転がりが重く、速度が遅くなる
	コースレート	JGA（日本ゴルフ協会）が設定するコースの難易度
サ	暫定球	ボールが OB やロストの可能性がある場合、打ち直しに戻る時間を節約するために打っておくボール。事前に宣言してから打ち、OBやロストが確定したら暫定球からプレーを続ける
	サンドウエッジ	ソール部分が厚めの、バンカーショット用のクラブ
	ジェネラルエリア	ティーイングエリア、グリーン、ペナルティエリア、バンカーを除いたホール内のすべてのエリア
	芝目	芝の生えている方向。打つ方向と同じ場合「順目」、反対は「逆目」という

	シャフト	クラブの柄の部分
	シャンク	フェースの根元にボールが当たって、右に飛んでしまうこと
	修理地	コース内で修理中のエリアのこと
	ショートアイアン	９番アイアン、SW、PWの総称
	ショートカット	曲がったコースで、池や木などを越えてまっすぐに打って最短距離を進むこと
	ショット	ボールを打つこと。ストロークともいう
	スライス	ボールに右回転がかかってしまい、右に曲がること
	セミパブリックコース	会員数が少なく、ビジター中心のゴルフコース
	ソール	クラブヘッドの底の部分
タ	ダフり	ボールの手前の地面をたたいてしまうこと。よくダフるプレーヤーのことをダッファーという
	チョロ	ボールが上がらず、ほんの少しだけしか転がらないミスショット
	ティアップ	ティショットを打つ際、ボールをティの上にのせること
	ティグラウンド	ティショットを打つ場所。一般的なレギュラーティ、その後方にあるバックティ、女性用のレディースティがある
	ティマーカー	ティーイングエリアの範囲を決めるための目印
	トップ	ボールの頭をたたいてしまうこと
	ドライバー	１番ウッドのこと。もっとも飛距離が出るクラブ
	ドロップ	池や修理地にボールが入った際、ルールに従いボールを拾って膝の高さから落とすこと
ナ	ニアピン	ボールがホールの近くに寄っていること
	ネック	クラブのシャフトとヘッドのつなぎ目の部分
ハ	パー	ホールごとの規定打数
	ハーフ	ハーフラウンドの略称。９ホール
	パター	グリーン上でボールを転がすためのクラブ
	バックスイング	スイングの際、クラブを後ろに振り上げる動作
	バックスピン	後ろに転がるボールの回転のこと
	パッティングライン	パッティングの際の、ボールがホールに入るまでの想定ライン
	パット	パターでボールを転がすこと。パッティングともいう

	バフィー	４番ウッドの別名
	パブリックコース	会員制ではなく一般に開放されているゴルフコース
	バンカー	砂の入った窪地
	ビジター	そのクラブの会員ではないプレーヤー
	ピッチングウエッジ	9番アイアンよりもロフトの大きい、アプローチショット用のクラブ
	ピン	ホールの位置を示すために立てられた旗ざお。ピンフラッグともいう
	フェアウェイ	ティからグリーンまでの間の芝生が短く刈られたエリア
	フェース	クラブヘッドのボールを打つ面。クラブフェースの略称
	フック	ショットしたボールが左に曲がること
	ヘッドアップ	スイングの途中で頭が上がってしまうこと。ミスショットの原因になる
	ペナルティ	ルール違反をしたときに加えられる打罰のこと
	ペナルティエリア	コース内の池や川、溝など覆いのない水域、水路のこと
	ベントグリーン	常緑性のベント芝でつくられたグリーンのこと
	ホールアウト	ボールをグリーン上のホールに入れて、そのホールをプレー終了とすること
	ボールマーク	ボールを拾い上げるとき、かわりに地面に置く目印
マ	ミドルアイアン	6、7、８番アイアンの総称
ラ	ライ	ボールが止まっている周辺の芝や地形などの状態
	ラウンド	18ホールをプレーすること
	ラフ	フェアウェイの外側に配置された芝生の長いエリア
	ランニングアプローチ	グリーン周辺からボールを転がしてホールに寄せるアプローチ方法
	ローカルルール	正規の規則以外で、ゴルフ場ごとに決められたルール
	ロストボール	紛失球。打ってから３分以内にボールが見つからないとロストボールと見なされる
	ロフト	クラブフェースの傾斜角度
	ロングアイアン	3、4、５番アイアンの総称

P010
〈モデル着用ウエア:右〉半袖ベスト、パンツ、バイザー、ハイソックス（以上バーバリー ゴルフ／バーバリー C.R. 室）、グローブ（アディダスゴルフ／テーラーメイド ゴルフ）、シューズ／参考商品（バーバリー ゴルフ／バーバリー C.R. 室）
〈同：左〉タートルカットソー、スカート、バイザー、ハイソックス（以上 PEARLY GATES）、グローブ（アディダスゴルフ／テーラーメイド ゴルフ）、シューズ（私物）

P015
〈クラブケース〉スポートクラブケース（アディダスゴルフ／テーラーメイド ゴルフ）

P024
〈モデル着用ウエア〉ハーフジップセーターベスト、ポロシャツ、ツイルカーゴクロップドパンツ、ソックス（以上アディダスゴルフ／テーラーメイド ゴルフ）

P025
〈グローブ〉上から、スポートグローブ、スポートペアグローブ（以上アディダスゴルフ／テーラーメイド ゴルフ）、両手用グローブ（PEARLY GATES）

P026
〈モデル着用ウエア〉アーガイル×フリースベスト、ハイネックカットソー、スカート、バイザー、ハイソックス（以上 PEARLY GATES）
〈キャディバッグ〉スポートキャディバッグ（アディダスゴルフ／テーラーメイド ゴルフ）
〈ボール、ティ、マーカー〉ボール（テーラーメイド／テーラーメイド ゴルフ）、マーカー（アディダスゴルフ／テーラーメイド ゴルフ）、ウッドティー（ライト）

P027
〈シューズ〉上から、W パワーハンド、アディカラーゴルフ AT ウィメンズ（以上アディダスゴルフ／テーラーメイド ゴルフ）
〈ソックス〉ハイソックス（PEARLY GATES）、５フィンガーアンクレット２（アディダスゴルフ／テーラーメイド ゴルフ）
〈バッグ〉スポートボストンバッグ（アディダスゴルフ／テーラーメイド ゴルフ）
〈ウエア一式〉ポロシャツ、パンツ、サンバイザー、ソックス、グローブ（以上アディダスゴルフ／テーラーメイド ゴルフ）

P029
〈モデル着用ウエア〉タミーポロ、ミューミアスカート、ハイソックス、サンバイザー（以上ラルフ ローレン ゴルフ）
〈アイテム〉ウールキャップ、ポロシャツ（以上アディダスゴルフ／テーラーメイド ゴルフ）、パーカー（PEARLY GATES）、シャツ、スカート、パンツ（以上 nuni ／ nuni Jiyugaoka）

P030
〈モデル着用ウエア〉マルタ ZIP ポロ、ミューミアスカート、サンバイザー（以上ラルフ ローレン ゴルフ）、ソックス（アディダスゴルフ／テーラーメイド ゴルフ）
〈アイテム〉ストレッチポロ、カーゴパンツ、サンバイザー（以上ラルフ ローレン ゴルフ）、バイザー（PEARLY GATES）、サングラス（マスターズ アイプロテクション ジャパン／ライト）

P031
〈モデル着用ウエア:寒い日〉アーガイルニット、パンツ、耳あて付バイザー、グローブ、シューズ／参考商品（以上バーバリー ゴルフ／バーバリー C.R. 室）
〈アイテム：寒い日〉ニットイヤーキャップ、スタッフドウィンド（アディダスゴルフ／テーラーメイド ゴルフ）、イヤーマフ（PEARLY GATES）、タートルニット、ダウンベスト（以上バーバリ ーゴルフ／バーバリー C.R. 室）
〈モデル着用ウエア：雨の日〉レインウエア、レインキャップ（以上アディダスゴルフ／テーラーメイド ゴルフ）
〈アイテム：雨の日〉UV アンブレラ（アディダスゴルフ／テーラーメイド ゴルフ）、レインスカット（ライト）

P042
〈モデル着用ウエア:右〉ボタンモック、ピンストライプロングパンツ、シューズ（以上アディダスゴルフ／テーラーメイド ゴルフ）
〈同:左〉ポロシャツ、スコート、ソックス（以上アディダスゴルフ／テーラーメイド ゴルフ）

P046
ストライプニット（nuni ／ nuni Jiyugaoka）、パンツ（私物）

P124
〈キャディバッグ〉右から、ウィメンズキャディバッグ、パワーバンドキャディバッグ（以上アディダスゴルフ／テーラーメイド ゴルフ）
〈ヘッドカバー〉右から、パターカバー（PEARLY GATES）、ピンクパンサー アイアンカバー（ライト）、パピーパッション ヘッドカバー２種（ブリヂストンスポーツ）

P125
〈ボールケース〉右から、スヌーピー（ライト）、スポートボールケース（アディダスゴルフ／テーラーメイド ゴルフ）
〈カウンター〉右から、ゴルフカウンター、ゴルフカウンターミニ（以上ライト）
〈ティマーカー〉右から、マグナマークセット：スマイル、キャット（以上ライト）、マーカー&クリップ：りんご、テントウムシ（以上ブリヂストンスポーツ）
〈ポーチ〉ポーチ（nuni ／ nuni Jiyugaoka）

【新井先生の所属先】
FLAGS
ホームページ URL　https://www.e-flags.jp
e-mail　contact@e-flags.jp

【協力】
アディダスゴルフ／テーラーメイド ゴルフ
0120-558-562
PEARLY GATES　☎ 03-6748-0392
ポロ ラルフ ローレン ジャパン
0120-3274-20
ブリヂストンスポーツお客様相談室
☎ 0120-116613
ライト株式会社　☎ 03-3918-3175
マグレガーゴルフジャパン株式会社

【取材協力】
白鳳カントリー倶楽部
千葉県成田市磯部８番地　☎ 0476-36-1131

ロッテ葛西　ゴルフ練習場
東京都江戸川区臨海町 2-4-2　☎ 03-5658-5600

著者

新井真一　あらい しんいち

1963年東京都生まれ。日本大学ゴルフ部出身。国内ツアーでのハーフ最小スコア(28)記録保持者。グローイングツアー優勝、アジアならびにアメリカミニツアー出場のほか、USPGAツアーで活躍するカルロス・フランコ選手のキャディーを務める。バランストレーナー、ビジョントレーナー、ゴルフ以外のスポーツのコーチらによるアドバイスやコーディネーショントレーニングなどを取り入れた指導には定評がある。からだに優しいスイングを目指し、ジュニアや女性から上級者まで楽しみながら上達するレッスンを行っている。

◯著書
『練習場で確実にうまくなる！ゴルフのきほん』（高橋書店）など

編集協力　リュクス
本文デザイン　佐々木恵実（ダグハウス）、石田百合絵／金丸佳那江（ME&MIRACO）
執筆協力　岩根彰子
本文イラスト　スギザキメグミ、谷朋
写真撮影　森カズシゲ
モデル　大塚真百理、佐々木詩帆（SPLASH）
ヘア＆メイク　内藤弓里（エーツー）

気持ちよく打てる
女性限定！ はじめてのゴルフ

著　者　新井真一
発行者　高橋秀雄
発行所　**株式会社 高橋書店**
〒170-6014 東京都豊島区東池袋3-1-1 サンシャイン60 14階
電話　03-5957-7103

ISBN978-4-471-14104-2　©TAKAHASHI SHOTEN　Printed in Japan

本書の内容についてのご質問は「書名、質問事項（ページ、内容）、お客様のご連絡先」を明記のうえ、郵送、FAX、ホームページお問い合わせフォームから小社へお送りください。

回答にはお時間をいただく場合がございます。また、電話によるお問い合わせ、本書の内容を超えたご質問にはお答えできませんので、ご了承ください。本書に関する正誤等の情報は、小社ホームページもご参照ください。

【内容についての問い合わせ先】
書　面　〒170-6014 東京都豊島区東池袋3-1-1 サンシャイン60 14階　高橋書店編集部
ＦＡＸ　03-5957-7079
メール　小社ホームページお問い合わせフォームから　（https://www.takahashishoten.co.jp/）

【不良品についての問い合わせ先】

ページの順序間違い・抜けなど物理的欠陥がございましたら、電話03-5957-7076へお問い合わせください。

ただし、古書店等で購入・入手された商品の交換には一切応じられません。